# 大名廃業

## お取りつぶし・お家断絶の裏側

安藤優一郎 著



彩図社

# はじめに

江戸時代の大名は、世襲が前提である。戦国大名のように、弱肉強食、食うか食われるかの日々を送ったわけではない。

しかし、泰平の世といえども、その身分を突然失ってしまうことも少なくなかった。藩主として藩のトップに君臨していたものの、その地位は幕府の胸三寸《むねさんずん》次第だったからである。

幕府が決定権を持っている以上、楯突けば大名としての身分を失う。江戸城で刃傷《にんじょう》沙汰《ざた》などのトラブルを起こせば、改易の処断が待っていた。

世襲の前提である跡継ぎがいなければ、同じく改易された。所領を没収されて御家断絶となる。

改易でなくても、自分の意思に反して、幕府あるいは家臣たちの総意により、藩主の座から引きずり降ろされることもみられた。強制的な隠居だが、これにしても大名身分の事実上の剝奪であった。

大名とは企業経営における社長のような存在だが、昨今は経営環境の激変により大企業も経営に不安を抱え、その基盤は安定していない。大勢の家臣とその家族を抱える大名がトップとしての舵取りを間違え、御家断絶を招いて家臣たちを路頭に迷わせた事実は他人事ではないのではないか。

企業にたとえれば、倒産・廃業により経営者たる社長のみならず、社員も失業に追い込まれて生計の道を断たれることと同じだった。事業を継承する後継者がいなければ廃業が待っているが、大名にしても跡継ぎがいなければ改易の運命からは逃れられない。

本書ではそんな、御家断絶で大名としての身分・地位を失った様々な事例、いわば「大名廃業」を通して、泰平の世の裏側で存続の危機に直面していた大名の苦悩を解き明かす。

第一章「跡継ぎなしで大名廃業——養子決定のためらい」では、問答無用で改易となった無嗣《むし》断絶の事例を取り上げる。江戸時代初期は、跡継ぎがいないことを理由に御家断絶の処分が下る事例が、非常に多かった。

第二章「刃傷沙汰や乱心で大名廃業——遺恨か乱心か」では、御家断絶のシンボルとなっている江戸城での刃傷沙汰を考察する。江戸城での刃傷といえば松の廊下が有名だが、刃傷イコール切腹というわけでもなかった。

第三章「幕府に楯突いて大名廃業――謀反の認定」では、謀反の疑いで御家断絶となった事例に焦点をあてる。幕府の礎が固まらない時期は、謀反の疑いを掛けられて改易となった事例が多かった。

第四章「戦争を起こして大名廃業――幕府への反乱」では、幕府に反乱を起こしたことで改易となった事例に注目する。大名に改易を命じられるのは幕府だけだが、幕府が消滅すると、今度は天皇をトップとする明治新政府が決定権を持つことになる。

第五章「強制隠居で大名廃業――改易の一歩手前」では、御家存続の決定権を持つ幕府に根回しした上で、藩の重臣たちが主君たる藩主を隠居に追い込む過程を追う。強制隠居は改易一歩手前の厳しい処置だった。

第六章「御家騒動で大名廃業――藩内分裂」では、藩内が分裂して藩主の統制が効かなくなった御家騒動の事例を取り上げる。御家騒動イコール御家断絶というわけではなかった。そこには幕府の政治的判断が込められていた。

第七章「領民からの反発で大名廃業――徒党・強訴・逃散」では、領主たる大名の苛政に反発して領民が起こした百姓一揆により、幕府から統治能力を問われて改易された事例を紹介する。農民だけでなく、町人が起こした一揆のため改易された事例もあった。

この七つの視点から大名廃業の実態を明らかにし、大名にとっては決して泰平の世ではなかった知られざる江戸時代の姿を明らかにする。

本書執筆にあたっては彩図社編集部の名畑諒平氏の御世話になりました。深く感謝いたします。

2024年1月

安藤優一郎

# 大名廃業　目次

## 第三章 幕府に盾突いて大名廃業

## 第五章 強制隠居で大名廃業

## 第六章 御家騒動で大名廃業



## 第七章 領民からの反発で大名廃業

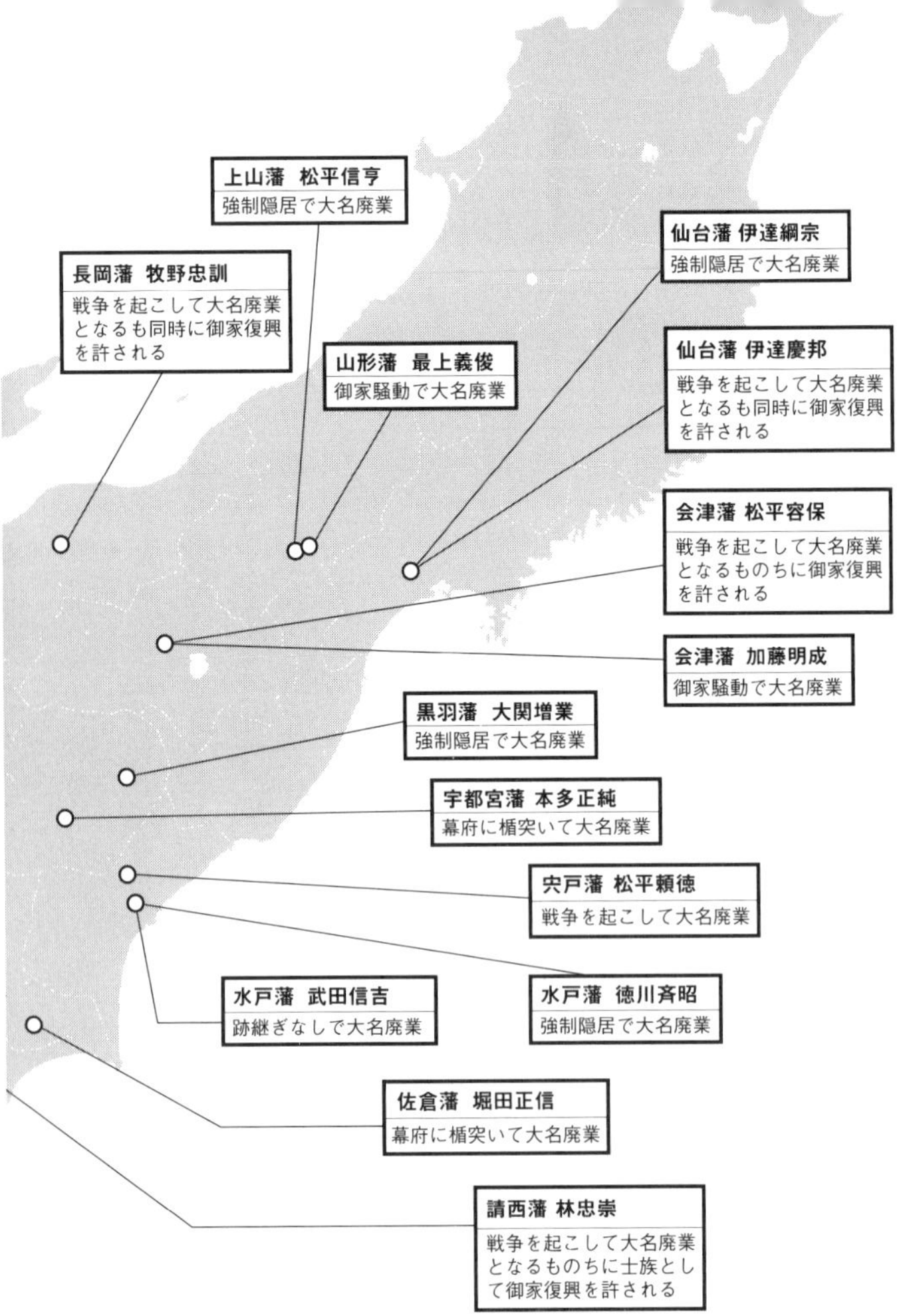

上山藩　松平信亨
強制隠居で大名廃業
長岡藩　牧野忠訓
戦争を起こして大名廃業となるも同時に御家復興を許される
山形藩　最上義俊
御家騒動で大名廃業
仙台藩 伊達綱宗
強制隠居で大名廃業
仙台藩 伊達慶邦
戦争を起こして大名廃業となるも同時に御家復興を許される
会津藩 松平容保
戦争を起こして大名廃業となるものちに御家復興を許される
会津藩　加藤明成
御家騒動で大名廃業
黒羽藩　大関増業
強制隠居で大名廃業
宇都宮藩 本多正純
幕府に楯突いて大名廃業
宍戸藩 松平頼徳
戦争を起こして大名廃業
水戸藩　武田信吉
跡継ぎなしで大名廃業
水戸藩　徳川斉昭
強制隠居で大名廃業
佐倉藩　堀田正信
幕府に楯突いて大名廃業
請西藩 林忠崇
戦争を起こして大名廃業となるものちに士族として御家復興を許される

# 本書で取り上げる主な大名たち(一)

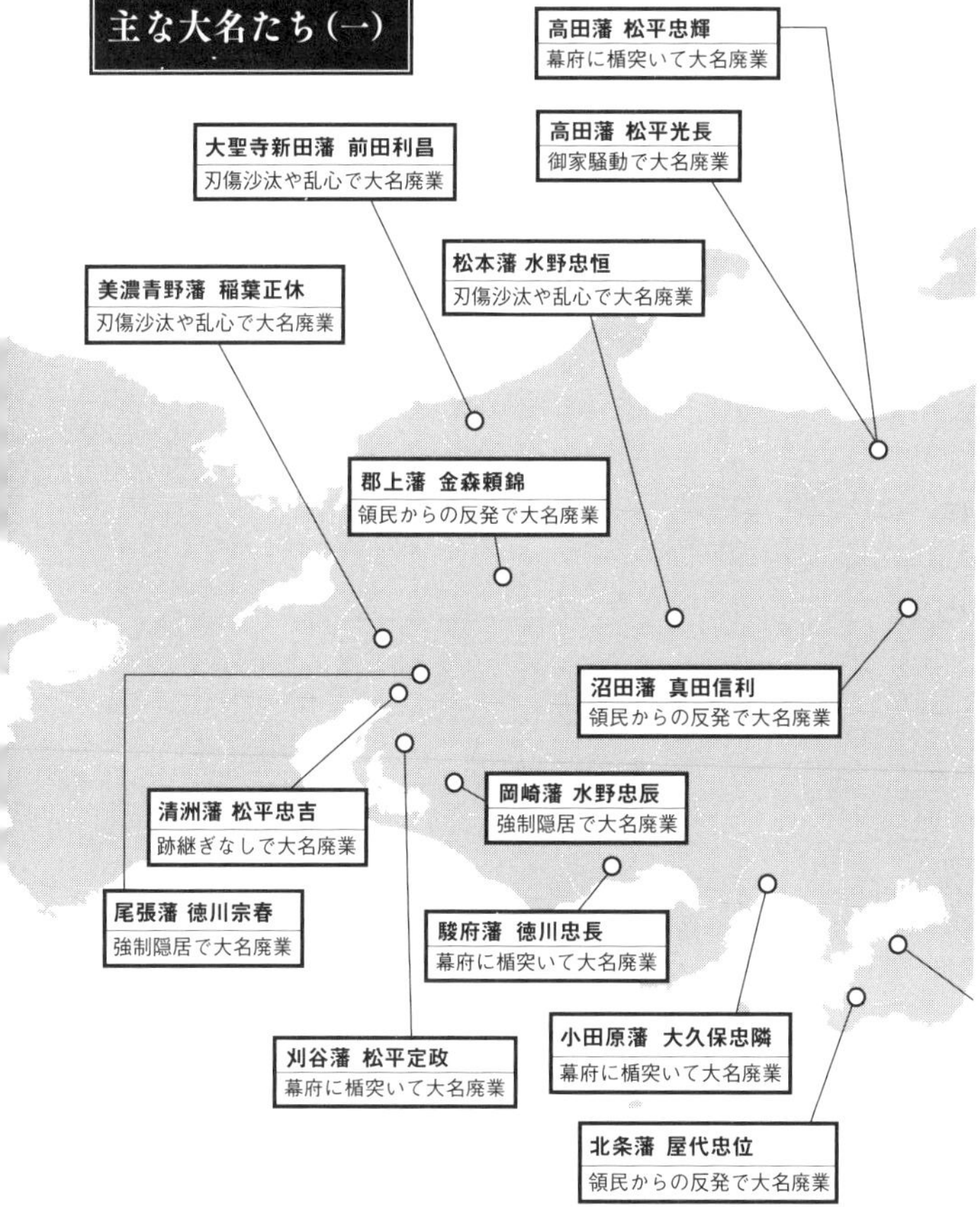
高田藩 松平忠輝
幕府に楯突いて大名廃業
高田藩 松平光長
御家騒動で大名廃業
大聖寺新田藩 前田利昌
刃傷沙汰や乱心で大名廃業
松本藩 水野忠恒
刃傷沙汰や乱心で大名廃業
美濃青野藩 稲葉正休
刃傷沙汰や乱心で大名廃業
郡上藩 金森頼錦
領民からの反発で大名廃業
沼田藩 真田信利
領民からの反発で大名廃業
岡崎藩 水野忠辰
強制隠居で大名廃業
清洲藩 松平忠吉
跡継ぎなしで大名廃業
尾張藩 徳川宗春
強制隠居で大名廃業
駿府藩 徳川忠長
幕府に楯突いて大名廃業
小田原藩 大久保忠隣
幕府に楯突いて大名廃業
刈谷藩 松平定政
幕府に楯突いて大名廃業
北条藩 屋代忠位
領民からの反発で大名廃業

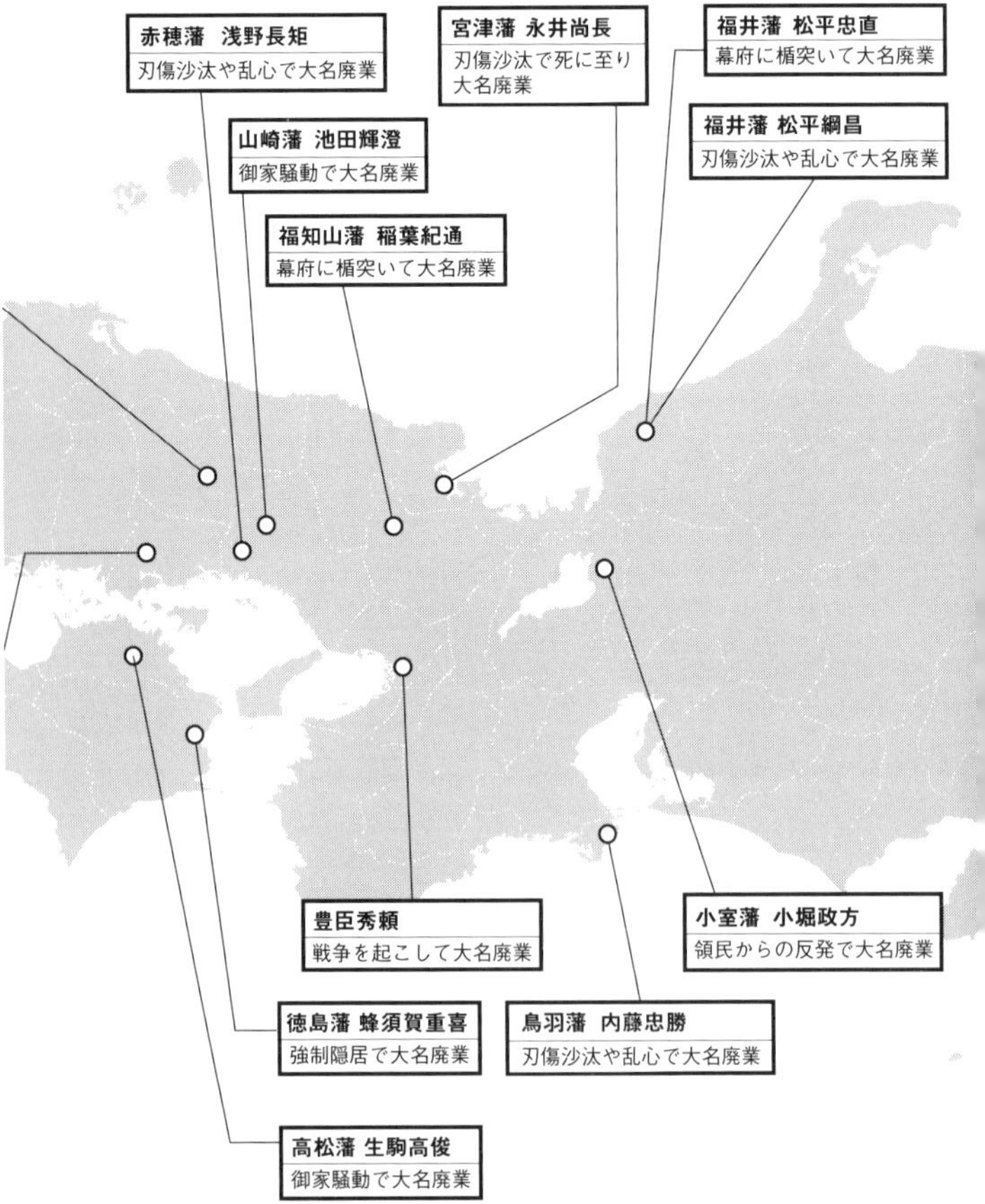
赤穂藩　浅野長矩
刃傷沙汰や乱心で大名廃業
宮津藩 永井尚長
刃傷沙汰で死に至り大名廃業
福井藩　松平忠直
幕府に楯突いて大名廃業
山崎藩　池田輝澄
御家騒動で大名廃業
福井藩 松平綱昌
刃傷沙汰や乱心で大名廃業
福知山藩　稲葉紀通
幕府に楯突いて大名廃業
豊臣秀頼
戦争を起こして大名廃業
小室藩　小堀政方
領民からの反発で大名廃業
徳島藩 蜂須賀重喜
強制隠居で大名廃業
鳥羽藩　内藤忠勝
刃傷沙汰や乱心で大名廃業
高松藩 生駒高俊
御家騒動で大名廃業

# 本書で取り上げる主な大名たち（二）

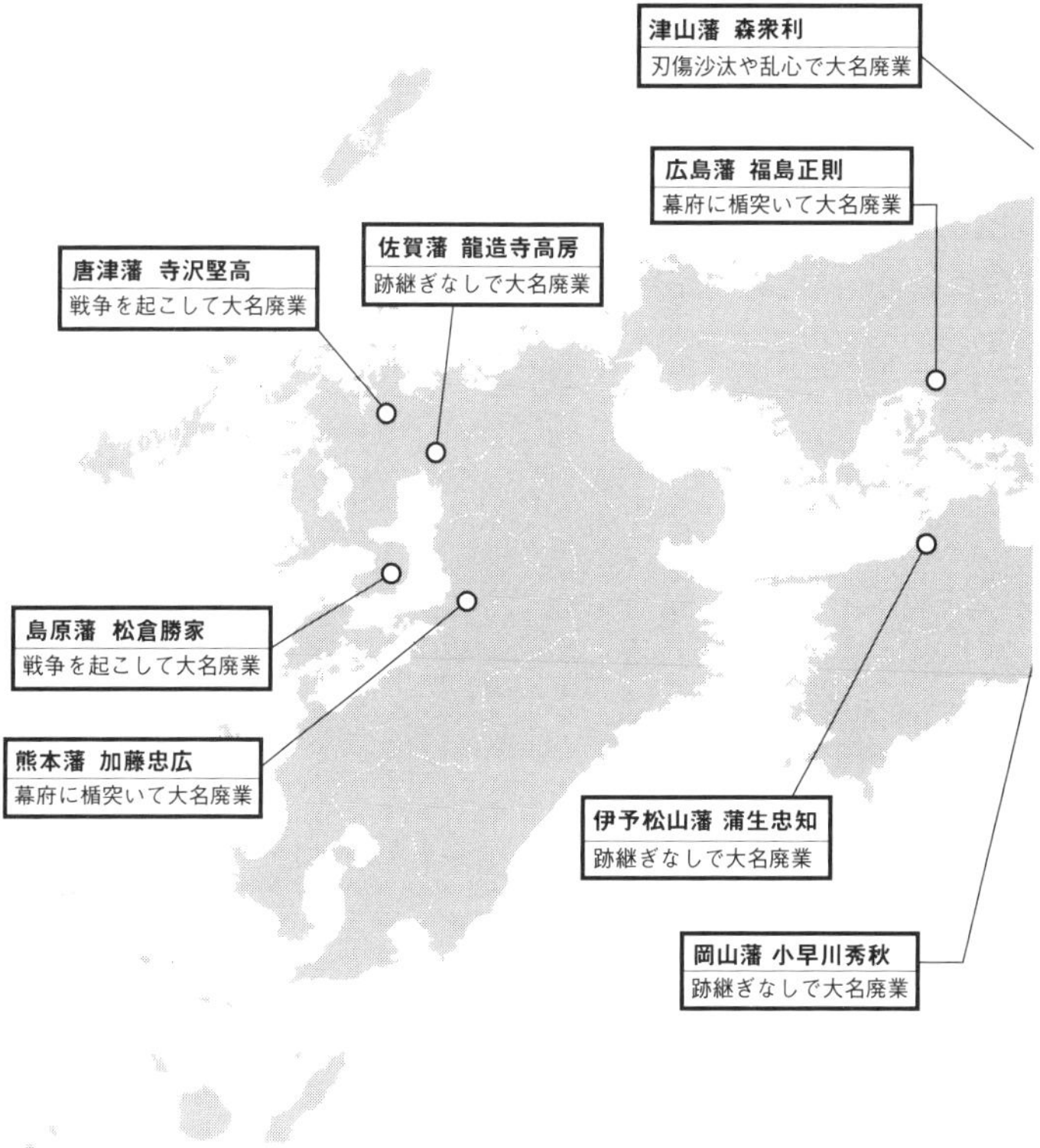
津山藩　森衆利
刃傷沙汰や乱心で大名廃業
広島藩　福島正則
幕府に楯突いて大名廃業
佐賀藩　龍造寺高房
跡継ぎなしで大名廃業
唐津藩　寺沢堅高
戦争を起こして大名廃業
島原藩　松倉勝家
戦争を起こして大名廃業
熊本藩　加藤忠広
幕府に楯突いて大名廃業
伊予松山藩　蒲生忠知
跡継ぎなしで大名廃業
岡山藩　小早川秀秋
跡継ぎなしで大名廃業

第一章

# 跡継ぎなしで大名廃業

## ——養子決定のためらい——

# 第一章　跡継ぎなしで大名廃業《総説》

江戸時代を通じて大名廃業が最も多かったのは、3代将軍・徳川家光までの時期である。改易によって諸大名の力を削ぎ、将軍権力を盤石にすることが目的だった。大名の家督相続には幕府の許可が要件と定め、これを最大限活用したのだ。跡継ぎがいなければ、自動的に改易とした。

しかし、将軍の権力基盤が強化されて幕府による支配が安定すると、改易という大名廃業は極力避けるようになる。御家断絶が社会不安をもたらし、幕府の基盤が揺らぐことを恐れたからである。

その契機となったのが、慶安4年（1651）7月に起きた、いわゆる由井正雪《ゆいしょうせつ》の乱である。慶安事件ともいう。

幕府が大名を改易するたびに、仕える主家を失い路頭に迷う浪人が大勢生まれ、社会不安を引き起こしていた。皮肉にも、幕府みずから社会不安の種を蒔いた格好だった。

生活苦に陥った浪人たちの不満を背景に、正雪は浪人を糾合して幕府の転覆をはかる。江戸や駿府、京都、大坂で同時に挙兵する計画だったが、事前に漏れたことで正雪たちは自害し、挙兵は未遂に終わる。

これに衝撃を受けた幕府は、事件の原因となった浪人の増大を食い止めるため、大名の改易に慎重になる。余程の失政や問題がない限り、大名の存続をはかるようになった。具体的には、末期養子《まつごようし》の禁を緩和することで改易を極力防ごうとした。跡継ぎのいない大名が、臨終の際に養子を届け出ることを条件付きで認めたのである。

家督相続者がいなければ、大名は自動的に改易となるのが当時の定めだ。跡継ぎがいなければ、万一に備えて養子を取っておけば改易は防げるはずであった。ところが、実子の誕生を待っていたり、養子の選定に迷っているうちに、当の大名が跡継ぎを指名しないまま死去し、改易に処せられるパターンが結構多かった。いったん養子の手続きを取ると、その関係は簡単には解消できないことも、養子の選定が進まない理由となっていた。

従来、幕府は跡継ぎのいない大名が臨終の際に養子を取ること（末期養子、急養子《きゅうようし》）を認めなかったが、慶安事件直後の同年（1651）12月、50歳未満の大名には末期養子を許可する。

末期養子の禁を緩和した結果、家督相続者がいないとの理由で改易される大名は激減する。その分、浪人の数も減り、幕府が改易による社会不安に悩まされることもなくなった。

本章では江戸初期に集中した無嗣《むし》断絶の事例を取り上げる。

# 01 御家断絶により弁明の機会を失った小早川秀秋

## 関ヶ原合戦は史上最大の大名廃業

慶長5年（1600）の関ヶ原の戦いは「天下分け目の戦い」という呼び名のとおり、勝利した徳川家康が天下人の座に就いた戦いであった。江戸幕府の誕生はカウントダウンの段階に入るが、その前に戦後処理に名を借りる形で史上最大の大名廃業が断行される。

石田三成を謀主とする西軍に参加した大名は改易ないし減封《げんぽう》に処され、このうち改易となった大名は88家にも及んだ。その総石高は416万1084石にも達する。

家康も名を連ねた豊臣政権五大老《ごたいろう》の一人宇喜多秀家《うきたひでいえ》（岡山城主）、五奉行の一人増田長《ましたなが》盛《もり》（大和郡山《こおりやま》城主）たちが改易となっている。同じく五奉行の一人の三成（近江佐和山城主）や、キリシタン大名だった小西行長（肥後宇土《うと》城主）に至っては改易にとどまらず、六条河原で斬首された。ただ、改易された大名の大半は命までは奪われていない。

減封された大名の削減分なども含めると、家康が没収した所領は約７８０万石にも及んだ。これは、当時の日本の総石高の約40％に相当した。

この没収した所領を元手に、家康を盟主とする東軍に参加した大名への論功行賞が行われた。半分以上の４２５万石が東軍大名への加増に充てられ、３割弱の２２０万石をもって家臣を大名に取り立てた。80名以上の大名が改易された一方で、譜代大名と呼ばれる大名が多数生まれる。残りの１３５万石は家康の直轄領となった。

小早川秀秋像《模本》

## 改易された関ヶ原の〝裏切り者〟

この時の論功行賞で、改易された宇喜多秀家の旧領に国替えとなった大名がいる。小早川秀秋《こばやかわひであき》である。関ヶ原合戦で西軍を裏切ったイメージが強く、ネガティブにとらえられがちなため、関ヶ原合戦後の人生に関心が向けられることはあまりない。

秀秋は秀吉の正室・北政所《きたのまんどころ》の兄木下家定《きのしたいえさだ》の子だが、毛利元就の三男である小早川隆景《たかかげ》の懇望により、文禄3年（1594）、小早川家に13歳で養子に入る。当時、隆景は筑前名島《なじま》城主として30万石余の大名だった。

小早川家の家督を継いだ秀秋が関ヶ原合戦に参戦したのは、19歳の時だった。秀秋の裏切りが家康の勝利を決めた大きな要因となったことはよく知られている。

家康もその軍功を認めて加増し、50万石余の大名とした。新たな所領として指定したのが、備前・美作などの領主だった宇喜多秀家の旧領であった。戦後、秀秋は秀詮《ひであき》と改名するが、以下秀秋で通す。

岡山城を居城とした秀秋は城郭の拡張に着手する。外堀の外側にさらに外堀を築き、城郭そのものを約2倍に拡張した。また、家臣が反旗を翻さないよう領内にあった城を破却することで、支配強化に努めている。いわゆる、城割りである。新領地を把握するため検地も行ない、権力基盤の強化をはかった。

所領が大幅に加増されたことで家臣の数も増えた秀秋だが、一方では家臣の離脱が相次ぐ。権力強化の一環として側近を重用したり、重臣を誅罰したことで、家臣団が動揺したのだ。まだ秀秋は若く、大勢の家臣を率いるリーダーシップに欠けていたことも否めない。本来は自分の後ろ盾となるはずの豊臣家も一大名に転落しており、家臣団に対してイニシアチブを発揮することは難しかった。

2年後の慶長7年（1602）10月18日に、秀秋は21歳の若さで岡山城にて死去する。大酒呑みだったことから、それが死因とされている。秀秋には跡継ぎがいなかったため、小早川家はそのまま改易となる。家康としては、豊臣家に近い大名が消滅することは悪いことではなかった。

秀秋については、様々な御乱行《ごらんぎょう》が伝えられている。狂気の振舞いが多く、尋常ではない行動が多かったというが、死因についても、秀秋のため関ヶ原で自害に追い込まれた大谷吉継《おおたによしつぐ》の祟りという言い伝えがある。信憑性は定かではないが、一連の悪評は関ヶ原合戦での裏切りというネガティブなイメージが発信源だった。

その上、跡継ぎがおらず御家断絶となったことで、秀秋はもちろん、小早川家は反論する機会を失ってしまう。その結果、このネガティブなイメージによる悪評が今もなお伝承されることになった。

# 02 家康により再興されるも運悪く断絶した武田家

## 家康の子どもが武田家を継承

大名は幕府との関係で、親藩大名・譜代大名・外様大名の三種類に分けられる。徳川一門の大名は親藩大名、徳川家の家臣で大名に取り立てられたのが譜代大名、家康が関ヶ原合戦で天下人の座に就いたことで主従関係を取り結んだのが、外様大名である。将軍との距離でみれば一番遠い外様大名が改易されやすいイメージは強いが、将軍に近い親藩大名や譜代大名でも改易される事例は結構多かった。そもそも、江戸幕府が誕生して最初に改易されたのは親藩大名であった。

それも家康の子どもである。名を武田信吉《のぶよし》という。

**◉武田信吉系図**

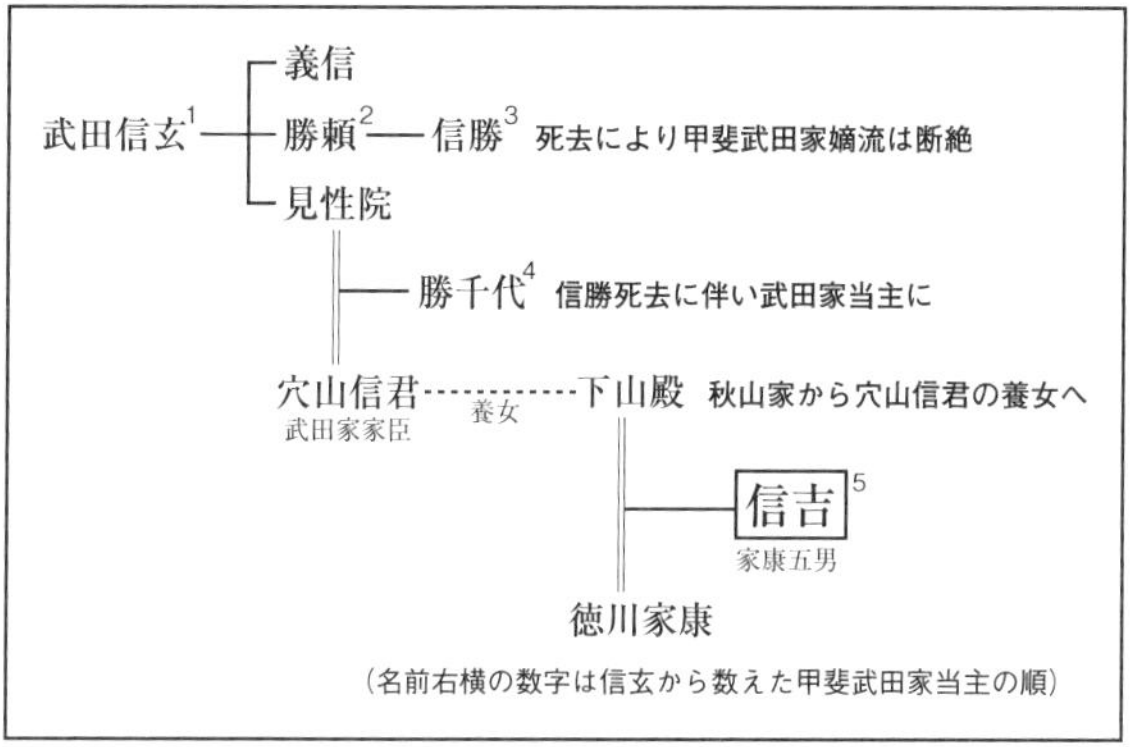


本能寺の変の翌年にあたる天正11年（1583）に、信吉は家康の五男として生まれた。母は側室の下山殿《しもやまどの》で、武田一門の穴山《あなやま》信君《のぶただ》（梅雪《ばいせつ》）の養女だった。

前年の3月に織田信長のため武田氏は滅亡したが、信君は信長の同盟者である家康に帰順して配下となる。その際、武田氏旧臣の娘を自分の養女として家康の側室に差し出した。

その間に生まれたのが信吉だ。家康と武田一門の間に生まれた格好である。

ところが、武田氏滅亡から3カ月も経たないうちに、本能寺の変で信長が明智光秀の襲撃に遭って自害する。当時わずかな供回りで堺にいた家康は急遽帰国したが、供をしていた信君はその途次、落命する。落ち武者狩りに遭った説などが指摘されている。

家康は帰国すると、武田氏の旧領甲斐国を手に入れる。その旧臣の多くを家臣団に組み入れ、軍事力を大いに増強させた。後に旧臣団を一括して井伊直政に預けたことで、「武田の赤備え」改め「井伊の赤備え」と称されるようになる。

そして、信君が信玄の次女見性院《けんしょういん》との間に儲けた勝千代《かつちよ》に、滅亡した武田氏の家名を継がせる。その名跡を復活させることで、武田氏旧臣の支持を得たい家康の意図が見え隠れする。

同15年（1587）に、武田氏の家名を継いでいた勝千代が死去すると、家康は下山殿との間に儲けた信吉を養子に入れる。自分の子を武田氏の養子とすることで、名実ともに武田氏旧臣の取り込みをはかった。武田信吉の誕生である。

## 二度目の武田家断絶は偶然

信吉は武田氏旧領の甲斐などで所領を与えられたが、同18年（1590）の北条氏滅亡後に家康が関東へ国替えとなると、下総小金《こがね》3万石に封ぜられる。

その後、文禄2年（1593）に下総佐倉10万石が与えられ、武蔵忍《おし》10万石の異母兄・松平忠吉《ただよし》と石高で並ぶ。慶長5年（1600）の関ヶ原合戦で父の家康が天下人の座に就くと、さらに加増された。

戦後処理の過程で、常陸の有力大名だった佐竹義宣《さたけよしのぶ》が減封の上、出羽秋田に国替えを命じられる。同7年（1602）5月のことであった。義宣は家康と戦火を交えたわけではなかったが、その向背が疑われた結果、関ヶ原合戦から約1年半以上経過してから、国替えとなる。懲罰としての転封だった。

そして、佐竹氏旧領のうち水戸15万石が信吉に与えられる。ここに、水戸藩主・武田信吉が誕生した。

しかし、その後間もなく、武田氏はあっけなく断絶する。江戸開府の約半年後にあたる同8年（1603）9月に、信吉が21歳で病死したからだ。すると、信吉にまだ跡継ぎがいなかったという理由で、再興された武田氏は再び御家断絶の憂き目に遭う。江戸幕府誕生後に改易処分が下された最初の大名となった。

その後、武田氏が御家再興されることはなかった。家康としては、その家名を存続させるメリットはもはやなくなったと判断したのかもしれない。武田氏滅亡から20年以上も経過しており、武田氏旧臣は幕府内に取り込めたと考えたのだろう。

ただし、武田氏は御家断絶となったものの、水戸藩自体は続いた。異母弟で家康十男の頼将（読み：「よりまさ」「よりのぶ」／後の紀州藩祖・徳川頼宣《よりのぶ》）が水戸に封ぜられたからだ。同15年（1610）に、頼将が駿河に国替えとなると、今度は家康十一男で同母弟の頼房《よりふさ》が水戸に封ぜられた。

水戸藩の事実上の藩祖は、名門武田氏の名跡を継いだ家康の五男武田信吉であった。だが、その後水戸藩主は頼房の子孫で継承されたため、頼房が藩祖と位置付けられた。これにより、武田氏のみならず武田信吉の名も水戸藩の歴史からは消されてしまったのである。

# 03 武功があっても家康の子どもでもルールを優先して御家断絶

## 関ヶ原合戦で先駆けとなる家康の四男

関ヶ原合戦において、2代将軍となる秀忠は開戦に間に合わず、家康から叱責を受けたと伝えられる。一方で、あたかも秀忠の代わりを務めるような形で、戦場で奮戦した子息もいた。秀忠のすぐ下の弟にあたる松平忠吉《ただよし》である。

天正8年（1580）に、忠吉は家康の四男として生まれた。母は家康の側室西郷《さいごうの》局《つぼね》で、すぐ上の兄で6歳年上にあたる秀忠と母は同じだった。

翌9年（1581）、忠吉は東条《とうじょう》松平家を継ぐ。

その15年前の永禄9年（1566）12月、家康は朝廷から徳川への改姓を許可される。

**◉松平忠吉系図**

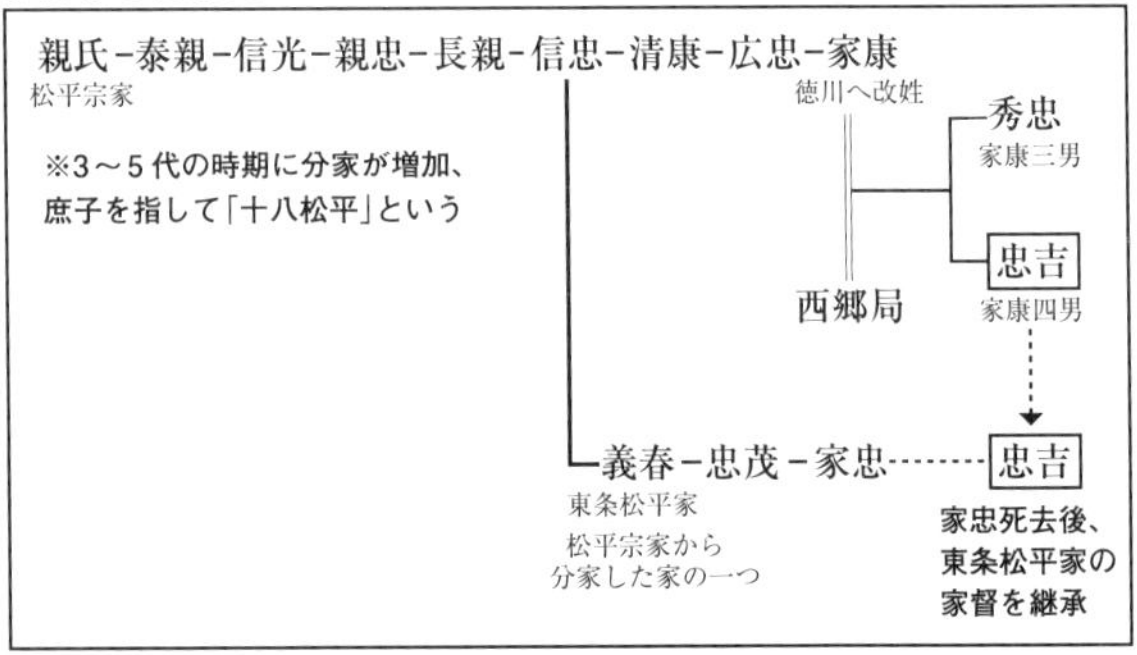


もともとは三河の有力領主松平氏の当主であった家康は、一門の統制に苦労していた。松平氏は多くの分家が枝分かれしており、「十八松平《じゅうはちまつだいら》」と称されたほどである。東条松平家もその一つだ。

多くの分家つまり一族の統制に苦労していた家康は、一族の十八松平を本家に従属させるため、清和源氏（新田家）の流れを汲むことを示す徳川への改姓を望んだ。朝廷から三河国の支配を意味する三河守に叙任されるには、源氏の流れを汲む由緒ある苗字への改姓が不可欠という事情もあった。

そして、主従関係に切り替えようとしていた分家の一つである東条松平家の当主家忠《いえただ》が、天正9年（1581）に死去した。家忠には跡継ぎがいなかったため、家康は四男の忠吉に家督を継がせる。分家を統制したい意図が秘められた養子入りだった。

同10年（1582）3月、信長と家康の連合軍により武田氏が滅びると、家康は武田氏旧領の駿河国を信長から与えられた。これに伴い、わずか3歳の忠吉は沼津4万石に封ぜられる。同18年（1590）に家康が関東に転封されると、今度は武蔵忍《おし》10万石を与えられた。

石高では徳川四天王と称される家康の重臣たちと並んだが、その一人こそ舅《しゅうと》となる井伊直政だった。家康の関東転封により、直政は上野《こうずけ》の箕輪《みのわ》12万石に封ぜられた。忠吉はその娘を妻に迎えたのである。

慶長5年（1600）の関ヶ原合戦では、忠吉は東軍を率いる家康が江戸城を出陣して決戦場の美濃に向かう前に、舅の直政とともに前線に向かっている。石田三成を謀主とする西軍との決戦に向かった徳川勢は、東海道と中山道の二手に分かれて進軍することになっていた。東海道の徳川勢は家康、中山道の徳川勢は忠吉の兄秀忠が率いた。

ところが、家康にとって想定外の事態が起きる。中山道を進む秀忠の関ヶ原到着が大幅に遅れる見込みとなったのだ。

家康は秀忠の到着を待って決戦するか、到着を待たずに現有兵力で決戦するかの選択に迫られる。熟慮の末、秀忠の到着を待つことなく決戦に臨むと決めるが、その分、東軍に占める徳川勢の割合は減った。

このままでは、徳川勢の武功が示せない。そう考えた忠吉と直政は抜け駆けにより、開戦の火蓋を切る役回りを演じる。戦場では他に先駆けて敵陣に攻め入ることは、この上ない名誉とされていた。

忠吉は合戦でも奮戦し、戦場からの離脱をはかった西軍の島津義弘勢を激しく追撃している。負傷しながらも、島津勢を多数討ち取る軍功を挙げた。

## 尾張藩を支配するもすぐに御家断絶

関ヶ原合戦での軍功は家康からも高く評価された。論功行賞では、尾張清洲《きよす》52万石の大封を得た。忍10万石からみると、ゆうに5倍増だ。ここに、尾張清洲藩が誕生する。

尾張そして清洲城といえば信長のイメージが強いが、その死後は次男信雄《のぶかつ》が城主であった。天正18年（1590）に信雄が豊臣秀吉の転封命令を拒否して改易された後は、福島正則が城主を務めていたが、論功行賞で広島に転封されたため、忠吉が清洲に入ったのである。

慶長10年（1605）に2代将軍となる同母兄秀忠との関係も良好だったと伝えられる忠吉だが、その前後から病気がちとなる。同12年（1607）には病気が重くなり、この年の3月に28歳の若さで死去した。

忠吉には跡継ぎがおらず、尾張清洲藩主の東条松平家は御家断絶となる。関ヶ原合戦で武功を挙げても、家康の実子であっても、跡継ぎがいなければ改易という当時の慣例には従わなければならなかったことがわかる。自分の実子であることを理由に特例を認めてしまっては、他の大名に示しがつかないという家康の考えもあっただろう。

しかし、武田信吉の跡を弟の頼将・頼房《よりふさ》に継がせて水戸藩自体は御家存続としたように、忠吉の場合も同様の対応が取られる。家康九男で甲府藩主の徳川義直《よしなお》が清洲に封ぜられ、その遺領を受け継いだからである。尾張藩自体は続いた。

ただし、家康は清洲城の廃城と、近隣の那古屋つまり名古屋に新たに城を築くことを決める。清洲城が水害に弱かったことに加え、大軍を収容できるほど城内が広くなかったことなどが理由だった。同15年（1610）より、尾張藩の居城となる名古屋城の築城が西国の大名を動員してはじまる。尾張清洲藩は尾張名古屋藩として生まれ変わった。

一般には尾張藩祖は徳川義直とされているが、義直が清洲に封ぜられる前の歴史を踏まえると、事実上の藩祖は松平忠吉であった。だが、すぐ下の弟の武田信吉の名が水戸藩の歴史から消されたように、忠吉の名も尾張藩の歴史からは消されてしまったのである。

# 04 家臣に実権を奪われて消滅した肥前の龍造寺家

## 主家の実権を握った鍋島直茂

大名は改易されても、その後に大名として復活を遂げる事例は少なくない。御家再興だが、佐賀藩の場合は実態はそのままで、家名が変わって復活した珍しい事例である。佐賀藩といえば鍋島家が藩主のイメージが強いが、江戸時代の初めは龍造寺《りゅうぞうじ》家が藩主だった。龍造寺家の御家断絶により鍋島家に藩主の座が移行したが、その裏では両家の暗闘があった。いわゆる「鍋島の化け猫騒動」の元にもなる。

戦国時代の九州は、豊後の大友宗麟《おおともそうりん》、薩摩の島津義久《よしひさ》、そして肥前の龍造寺隆信《たかのぶ》が三つ巴で覇権を争っていた。大友・島津両氏が守護大名から戦国大名となった名門の家柄だったのに対し、「五州二島の太守」と称された隆信は肥前の一領主から戦国大名にのし上がった人物だった。

「五州二島の太守」とは、五州（肥前・肥後・筑前・筑後・豊前）と二島（壱岐・対馬）を支配する大名という意味である。その名称のとおり、一時期は北九州に勢威を奮い、大友・島津氏と並び称される。そんな隆信を支えたのが、従兄弟で義弟にもあたる鍋島直茂《なおしげ》だ。

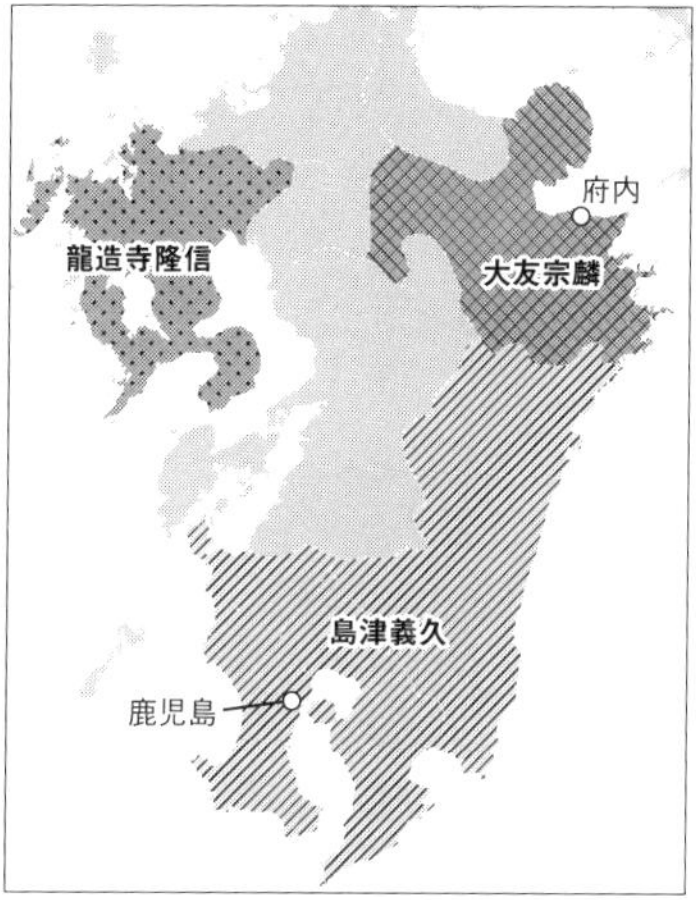

16世紀後半（戦国時代）の九州勢力図

天正12年（1584）に、隆信は島津氏に寝返った島原の有馬晴信《ありまはるのぶ》を討つため、大軍を率いて出陣する。だが、肥前の沖田《おきた》畷《なわて》で島津勢と合戦に及ぶとその術中にはまり、あえなく討ち取られてしまう。

隆信の死後、その子政家《まさいえ》が家督を継いだ。引き続き、直茂は重臣として支えたが、龍造寺氏にかつての勢威はなく、やがて島津氏への服属を余儀なくされる。大友氏も追い詰められた。島津氏は九州全土を制覇する勢いを示す。

だが、その前に立ち塞がった人物がい

る。天下統一を急ピッチで進めていた豊臣秀吉である。秀吉は大友氏の救援要請に応える形で、島津氏の討伐を決める。九州に上陸した秀吉の大軍を前に島津氏は敗走を余儀なくされ、同15年（1587）5月には降伏の止むなきに至る。

九州平定後、秀吉は島津氏に対し、本領の薩摩・大隅そして日向の一部のみ領有を安堵した。大友氏には豊後、龍造寺氏には肥前の所領を安堵したが、龍造寺領については当主の政家に代わって治めるよう直茂に命じる。

ここに、名目上は龍造寺氏の領国ではあったものの、肥前は鍋島氏が支配する体制へと移行していくことになる。

## 龍造寺家断絶と佐賀藩主鍋島家の誕生

政家が病のため子の高房《たかふさ》が家督を継いだ後も、幼少の身ということで、直茂が引き続き実権を握ったままだった。関ヶ原の合戦後、天下人の座に就いて江戸幕府を開いた徳川家康も秀吉と同じく、直茂が龍造寺氏に代わって肥前を治めるよう命じる。

それだけ、直茂が龍造寺氏つまりは佐賀藩を掌握していたため、幕府も事実上の藩主として認めたのである。直茂が幕府に運動した結果でもあったはずだ。

しかし、名ばかりの藩主であることに高房は強い不満を持つ。龍造寺氏に肥前の支配を認めるよう幕府に求めたが、その拒絶に遭う。憤激の余り、高房は直茂に当て付けるかのように自害を試みたともいわれる。

その後間もなく、高房は死去した。父政家も跡を追うかのように、この世を去る。慶長12年（1607）のことだった。

結局のところ、龍造寺一門からその跡を継ぐ者はいなかった。佐賀藩主龍造寺家は御家断絶となり、佐賀藩主の座は鍋島家が継承することを幕府も認める。佐賀藩主鍋島家の誕生である。

主家を乗っ取った形で佐賀藩主の座に就いたため、鍋島家としては高房と確執のあった直茂が藩主となることはためらわれた。よって、直茂の子勝茂《かつしげ》が藩主の座に就く。直茂は佐賀藩鍋島家の藩祖で、勝茂が初代藩主という位置付けだった。

元和4年（1618）に直茂は死去する。耳にできた腫瘍《しゅよう》の激痛で苦悶した末でのことであった。そのため、高房の祟りではないかという噂が立つ。龍造寺・鍋島両家の確執を背景に生まれた噂だが、これをモチーフとして戯曲化されたのが、いわゆる「鍋島の化け猫騒動」なのである。大名改易の産物でもあった。

# 05 家康の娘の嫁ぎ先に武士の情けがかけられた政治的理由

## 家康の娘が嫁いだ大名でも安泰ではない

家康は子沢山で、成人した男子は2代将軍となった跡継ぎの三男秀忠のほか、九男義直《よしなお》、十男頼宣《よりのぶ》、十一男頼房《よりふさ》が徳川御三家（尾張・紀州・水戸）の藩祖として、将軍職を継承する資格を持つ大名となった。だが、四男忠吉《ただよし》、五男信吉《のぶよし》、六男忠輝《ただてる》は大名に取り立てられたものの、跡継ぎがいないことなどを理由に御家断絶となる。

成人した三人の娘が輿入れした大名家にしても、跡継ぎがいなければ御家断絶の法則から逃れることはできなかった。その法則が適用されたのが、三女振姫《ふりひめ》が嫁いだ蒲生《がもう》家である。

蒲生家は氏郷《うじさと》の代に飛躍を遂げた大名である。信長や秀吉からその才を評価された蒲生氏郷は会津で90万石を超える大封を得たが、文禄4年（1595）に40歳で急死する。子の秀行《ひでゆき》が跡を継ぐが、家中をまとめ切れなかったことなどを理由に、慶長3年（1598）には18万石に減封の上、下野《しもつけ》宇都宮に国替えとなる。代わりに会津に国替えとなったのは、上杉謙信の甥にあたる越後春日山城主の上杉景勝である。この年、振姫は秀行のもとに輿入れした。

2年後の関ヶ原合戦で、秀行は岳父の家康つまり東軍に馳せ参じた。対して、蒲生家に代わって会津の領主となった上杉家は、西軍に属していた。家康率いる東軍が石田三成率いる西軍を破ったことで、上杉家は出羽米沢30万石に減封となった。

戦後の論功行賞で、秀行は60万石に加増されて会津藩主に復帰する。そして、振姫は秀行との間に跡継ぎとなる忠《ただ》郷《さと》と忠知《ただとも》を儲けた。だが、慶長17年（1612）に秀行に先立たれたことで、その運命は大きく変わる。

蒲生氏郷像《模本》

## 一度は政治的配慮で存続したが…

秀行の死後、家督を継いだのは10歳になったばかりの長男忠郷だが、60万石という大藩を率いるにはあまりに荷が重かった。

蒲生家は氏郷の代に家臣団が拡大したが、その分家中の統制に苦しむ。さらに、若年の当主が続いたことで家臣団の統率にはおのずから限界が生じ、家中の混乱が増してしまう。

そうしたなか、未亡人となっていた母の振姫が家康の命により再婚することになる。元和2年（1616）に、紀州和歌山藩主・浅野長晟《ながあきら》のもとに輿入れした。秀吉に取り立てられた有力外様大名をコントロールしたい狙いが秘められた政略結婚だったが、蒲生家中の混乱に巻き込みたくない意図もあったかもしれない。

翌3年（1617）に、振姫は長晟の跡継ぎとなる光晟《みつあきら》を儲ける。ところが、その直後に体調を崩し、帰らぬ人となる。

振姫が蒲生家に残し、また家康の外孫でもあった忠郷も、跡継ぎを儲けないまま、寛永4年（1627）に26歳の若さで死去する。この段階では、臨終の際に養子を取ること（末期《まつご》養子）はまだ認められておらず、蒲生家は御家断絶となるはずであった。

ところが、忠郷の弟にあたる出羽上山《かみのやま》藩主（4万石）の忠知が実家に戻る形で家督を継ぐことが許される。母が家康の娘、つまり外孫だったことが考慮されたのだ。跡継ぎがいなければ自動的に改易される原則であったものの、その原則が適用されない特例もあったことがわかる。

家康の外孫であることは大きかったが、蒲生家が60万石という外様大名ではトップクラスの大藩であったことにも配慮したのだろう。跡継ぎがいないことを理由に、幕府が自動的に改易に踏みきったわけではない。改易処分を下すことを避けた背景には家康との関係のみならず、時の幕府当局の政治判断が秘められていた。蒲生家改易で路頭に迷う藩士が多数出てしまうことの懸念があった。

危うく蒲生家は御家断絶を免れたものの、そのまま会津60万石を継げたわけではない。24万石に大減封の上、伊予松山に転封された。現状維持では他の大名に示しがつかないという考えも透けてくる。

しかし、同11年（1634）に忠知も31歳の若さでこの世を去ってしまう。忠知にも跡継ぎはいなかった。跡を継げるような兄弟もいなかったため、幕府もこれ以上情けは掛けることはできなかった。ここに蒲生家は御家断絶となる。

第二章

# 刃傷沙汰や乱心で大名廃業

## ——遺恨か乱心か——

## 第二章　刃傷沙汰や乱心で大名廃業《総説》

４代将軍家綱の治世がはじまった年にあたる慶安4年（１６５１）に末期《まつご》養子の禁が緩和されたことで、跡継ぎがいないとの理由で改易される大名は激減する。御家断絶が浪人を増加させて社会不安を招くことへの懸念が背景にあったが、だからといって、大名側に看過できない問題があれば、幕府としては改易に処することにためらいはなかった。改易にまさる大名統制の手段はなかったからである。

幕府が改易に踏み切る理由として最も知られているのは、大名による刃傷《にんじょう》沙汰《ざた》だろう。「刃傷松の廊下」として、今なお語り継がれる播磨赤穂《あこう》藩主・浅野内匠頭《たくみのかみ》による高家《こうけ》肝煎《きもいり》・吉良《きら》上野介《こうずけのすけ》への刃傷事件はその象徴だ。浅野家の改易にとどまらず、赤穂浪士による吉良邸討ち入りまで起きたことで、当時の人々に強い印象を残す事件となる。

俗に泰平の世といわれる江戸時代は初期と幕末以外、戦争が起きることはなかったが、それは刃傷沙汰がなかったことまで意味するものではない。というよりも、刃傷沙汰自体は別に珍しいことではなく、幕府が喧嘩両成敗の原則を武士に厳しく課したことはその何よりの証明だった。

喧嘩両成敗とは、その理非にかかわらず、当事者双方を処罰することである。武士が喧嘩すれば刃傷沙汰に発展するのは避けられない。そこで喧嘩そのものを処罰対象とすることで封じ込めをはかった、苦肉の策であった。だが、幕府が喧嘩両成敗のスタンスを崩さなかったのは、それだけ刃傷沙汰が泰平の世で起きたことを示していた。

江戸時代は身分制社会であるため、大名の喧嘩の相手は同格の大名となる。家臣や町人・農民との刃傷沙汰は喧嘩とは認定されない。原則として大名どうしの刃傷沙汰が喧嘩両成敗の対象となり、幕府は改易に踏み切る。

もちろん、それは本章で取り上げるような表沙汰となった場合に限る。「刃傷松の廊下」のように衆人環視の場での刃傷は隠し通せなかったが、そうでなければ表沙汰にせず内分に済ませようということは別に珍しくはなかっただろう。

ただし、刃傷に及んだからといって、自動的に切腹となったわけではない。実はケースバイケースなのであり、乱心者と認定され、江戸城で刃傷に及んだ大名が生き永らえる場合もあった。改易は逃れられなかったが、情緒不安定に陥ったことに配慮して死罪までには至らなかったのである。

本章では主に江戸城を舞台とした刃傷沙汰が招いた御家断絶の事例を取り上げる。

# 06

# 前将軍の葬儀の場で警備役の殿様が事務方の殿様を殺害

## 将軍法要での殺人事件

刃傷沙汰により御家断絶となった事例は、5代将軍綱吉の時代に集中している。そのシンボルが、赤穂浪士の討ち入りに発展する元禄14年（1701）の浅野長矩《ながのり》の刃傷だが、それ以前にも二度あったことはあまり知られていない。その一つは、早くも綱吉が将軍となった延宝8年（1680）に起きている。

この年の5月、4代将軍家綱は跡継ぎを儲けることなく、病のため死去した。すでに二人の異母弟を分家させて甲府徳川家（甲府藩）と館林徳川家（館林藩）の当主としており、本来ならば家綱のすぐ下の弟で甲府藩主の綱重《つなしげ》が次期将軍の座に近かった。

ところが、綱重が家綱に先立ち死去していた。そのため、綱重の弟で館林藩主の綱吉が5代将軍の座を射止める。

将軍の座に就くことになった綱吉最初の大きな仕事は、前将軍家綱の葬儀そして法要を執り行うことであった。初代家康は日光山、2代秀忠は芝の増上寺（浄土宗）、3代家光は家康と同じ日光山に葬られた。家康・家光は例外として、歴代将軍は将軍の菩提寺と定められた増上寺に葬られるはずだったが、家綱は父家光が厚く帰依した天海を開山とする上野の寛永寺に葬られた。以後、寛永寺も増上寺と並んで将軍の菩提寺となる。

徳川家綱像《模本》

家綱の葬儀は寛永寺で執り行われるが、法要は同じ菩提寺の増上寺でも執り行われた。当日は大名も動員されて警備にあたったが、増上寺で警備役を務めた鳥羽藩主の内藤忠勝《ただかつ》が刃傷沙汰の当事者である。

丹後宮津《みやづ》藩主の永井尚長《なおなが》は事務方として法要を取り仕切る立場にあったが、法要当日の6月26日に、忠勝により刺殺される。前将軍の法要が執行された日に警備役でありながら刃傷沙汰を起こし、さらには相手を死に至らしめたことで断罪は免れなかった。

翌日、忠勝は切腹を命じられる。これにより、鳥羽藩主内藤家は御家断絶となった。

## 嫌がらせが判明して事実上の喧嘩両成敗

この刃傷沙汰の背景だが、幕府の正史である『徳川実紀《とくがわじっき》』では忠勝が「失心」すなわち乱心して起こしたものと記述されている。乱心によって刃傷に及んだというのが幕府の公式見解だった。

実際は乱心というよりも、尚長への遺恨が原因のようだ。奇《く》しくも両者の江戸藩邸は隣同士にあったが、トラブルが少なくなく、犬猿の仲にあった。そんな二人が家綱の法要に携わることになると、法要を取り仕切る立場の尚長は警備役の忠勝に皮肉を言ったり、老中から届けられた法要に関する書状を見せないなどの嫌がらせをしたという。今の言葉で言えば、尚長の言動はパワハラにあたる。

一連の仕打ちにより面目を失った忠勝は感情を抑えられなくなり、打ち果たそうと考える。増上寺内の尚長の詰所《つめしょ》に押し入って斬り付け、とどめを刺した。

加害者の忠勝に非があったのは明らかだが、幕府の対応をみると、被害者の尚長つまり永井家に対する対応も厳しかった。尚長には跡継ぎがいなかったことから、永井家も御家断絶としてしまう。

こういう場合は御家断絶を防ぐため、尚長を存命の形にしておくことが通例だった。永井家から家督相続願いを提出させ、幕府がこれを許可して家督相続を成立させてから、死去した旨を届けさせ、これを受理するのである。

この方法を幕府が認めなかったのは、尚長にも非があったとみなしたからだろう。内藤家のみ改易としては、家臣たちの恨みが永井家に向けられることを恐れ、いわば喧嘩両成敗の形で永井家も御家断絶としたのではないか。

ただし、その後間もなく尚長の弟直圓《なおみつ》に1万石を与えることで御家再興を許可し、大和新庄藩を立藩させている。永井家の反発にも配慮した対応であった。

# 07 将軍綱吉の関与が囁かれる幕政を転換させた大老刺殺事件

## 綱吉擁立に尽力して大老に抜擢

「刃傷松の廊下」の前に起きた刃傷沙汰の二つ目は、綱吉自身の関与も噂されたいわく付きのものである。話は綱吉が将軍となる前にさかのぼる。

実は綱吉の将軍への道は平坦ではなかった。家綱が病弱だったこともあり、当時は大老で厩橋《うまやばし》藩主の酒井忠清《ただきよ》が権勢を振っていた。

通常は譜代大名から任命された老中（定員は4〜5名）が、将軍の信任を得て幕政を統轄したが、将軍代行職である大老が臨時に置かれる場合もみられた。同じく譜代大名から選任された大老は老中よりも上席だった。この時は忠清が大老として最高実力者の座にあったわけだ。

忠清は、綱吉とは別の人物を次期将軍として考えていた。京都から有栖川宮幸仁親王《ありすがわのみやゆきひとしんのう》を将軍として迎えようとしたのである。これを、俗に宮将軍という。

皇族を将軍の座に据えることには先例があった。先例と言っても、江戸時代の話ではなく、鎌倉時代の話だ。初代将軍・源頼朝の血統が3代実朝《さねとも》で絶えた後、京都から後嵯峨《ごさが》天皇の皇子宗尊《むねたか》親王を将軍として迎えたことがあった。この先例に倣って、忠清は有栖川宮を5代将軍の座に据えようと目論む。

忠清の権勢を恐れる者たちは賛意を示すが、老中の一人で上野安中《こうずけあんなか》藩主の堀田正俊《ほったまさとし》は反対し、綱吉の擁立を唱える。家綱の意思も綱吉を跡継ぎにすることだった。

当時病床にあった家綱は正俊を介して綱吉を呼び出し、跡継ぎに指名する。こうして、綱吉は将軍の座に就くことができた。

綱吉の将軍職継承のウラ事情を伝えるエピソードは、『徳川実紀』にも載せられているが、真偽は定かではない。ただ、将軍職継承をめぐり幕府内部で暗闘があったことだけは確かであった。

綱吉は将軍の座に就くと、忠清から大老の任を解く。その後任の形で天和元年（1681）に大老に抜擢したのが正俊である。加増の上、下総古河《こが》に転封している。

## 刺殺事件を綱吉がけしかけた？

綱吉の厚い信任のもと、忠清に代わって権勢を振った正俊だが、その期間は短かった。貞享《じょうきょう》元年（1684）8月28日に事件は起きる。

正俊に引き立てられて、老中次席とも言うべき重職の若年寄に抜擢された人物がいる。美濃青野《あおの》藩主の稲葉正休《いなばまさやす》だ。正休はこの日に登城すると、大老や老中が詰める御用部屋に向かい、正俊を刺殺してしまった。不思議なことに取り押さえられることなく、同席していた老中たちによりその場で斬り殺されている。

稲葉家が御家断絶となったのは言うまでもないが、正俊も正休も死んでしまった以上、まさに死人に口なしである。正休が刃傷に及んだ動機については迷宮入りとなる。そのため、水戸藩主・徳川光圀などは正休を斬り殺した老中たちの対応を批判している。

こうなると、様々な憶測が流れるのは避けられなかった。前年に正休が担当した摂津・河内両国河川の治水工事の見積もりに誤りがあり、それを内分にして欲しいと頼んだものの、正俊から拒否されたため恨みを抱いたという説のほか、綱吉の内命を受け、権勢に奢る正俊に辞職を勧めたものの、受け入れられなかったため刃傷に及んだ説などがある。この説の場合は、黒幕は綱吉になる。

綱吉にとり、自分の擁立に奔走してくれた正俊は恩人に他ならない。だからこそ大老にも抜擢したわけだが、この頃にはその存在が煙たくなっていたとも伝えられる。よって、正休を使嗾《しそう》して正俊を亡き者としたが、その場で正休の命も奪うことで真相を闇に葬ろうとしたというのだ。老中もグルだったことになるが、真相は今もってわからない。

正俊の死後、綱吉は柳沢吉保たち側近を駆使することで、幕政でイニシアチブを発揮していく。幕政を転換させた刃傷だったことは間違いなかった。

# 08
# 江戸城登城も帰国も不可 家康の血を引く大藩が存続危機に

## お殿様が引き籠って二度目の改易

綱吉の時代には刃傷沙汰以外でも、情緒不安定で大名としての務めが果たせないと幕府が判断して改易処分とした大名が少なくない。乱心とみなされたわけだが、親藩大名で福井藩主の松平綱昌《つなまさ》はその一人である。

福井藩の藩祖は徳川家康の次男秀康《ひでやす》であり、秀康、その子忠直《ただなお》が藩主の時代は68万石の所領を誇った。だが、忠直の行状が幕府から問題視された結果、その所領を没収され、改易処分となる。

ただし、忠直が2代将軍秀忠の甥で、3代将軍家光の従兄にあたることから、幕府は

### ◉福井藩松平家の系図

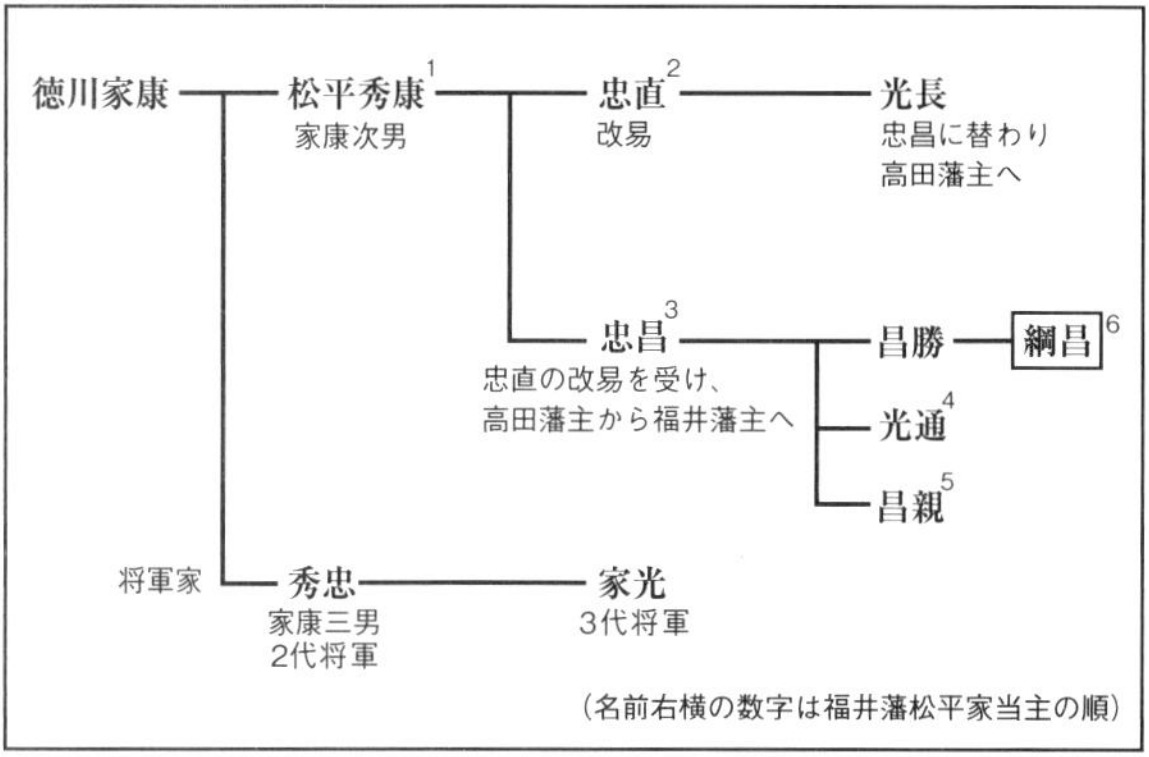


越後高田藩主だった弟忠昌《ただまさ》を3代目福井藩主の座に据えることで御家再興とした。将軍の親族大名であることに配慮したのだ。

25万石の身上だった忠昌は50万石に倍増の上、福井に転封され、空いた越後高田には忠直の嫡男光長が封じられ、忠昌の跡を継いで藩主となった。結果からみると国替えであり、福井藩への配慮が同じく読み取れる。

50万石の親藩大名として再出発した福井藩だが、その後も藩内の混乱は続いた。なかでも、忠昌の孫で6代目藩主となった綱昌の時代、福井藩は激震に見舞われる。

天和元年（1681）3月15日、江戸在府中の綱昌は江戸城に登城した。いつものとおり、他の大名とともに将軍綱吉に拝謁した後、常盤橋の福井藩上屋敷に戻ったが、その後発病したという。以後は病のため藩邸に引き籠り、登城も帰国もできない状態となる。江戸在府中の大名は、江戸城に定期的に登城して将軍に拝謁することが義務付けられていたが、その義務を果たせなくなる。江戸参勤の期間が終われば、国元に戻って藩政をみることになっていたが、綱昌は帰国もできない状態だった。

藩主には家臣からの挨拶を定期的に受ける仕来りもあったが、家臣の前に出てくることもなくなる。それは藩主としての務めも果たせないことを意味した。

幕府は綱昌の病状回復を待つが、他の大名への手前もあった。親藩の福井藩といえども、いつまでも大目にみるわけにはいかなかった。

江戸藩邸に引き籠ってから5年後にあたる貞享3年（1686）閏3月、幕府は綱昌の所領を没収する。二度目の改易であった。

## 所領半減で再興するも地位が低下

しかし、これで福井藩が御家断絶となったわけではない。隠居していた前藩主の昌親《まさちか》に25万石が新規に与えられた。昌親は藩主再就任にあたって吉品《よしのり》と改名し、7代目藩主の座に就く。

福井藩松平家の名跡を消滅させたくなかった幕府は、再び温情を与えたのである。実際は御家再興だが、表向きは減封の上、吉品（昌親）に藩主の座を継がせた格好だった。

しかし、所領が約半減したことで藩士のリストラは必至の情勢となり、藩内は大混乱に陥る。新たに召し抱えられた形となった藩士たちも、原則として禄高半減の処置が取られている。

福井藩の身上が半減した以上、家禄の半減も仕方がなかった。以前より福井藩は財政難にあえいでいたが、所領半減により、その傾向に拍車がかかる。

所領の半減により、福井藩の家格も低下した。家格を示す藩主の官位や官職が従四位下の少将どまりとなったのだ。それまでは、正四位下の中将まで昇任できるのが慣例であった。

福井藩の歴史において、今回の25万石への減封は「貞享の半知」と呼ばれた。財政難の克服と家格の上昇は、福井藩にとり喫緊の課題となっていくのである。

# 09 度重なるストレスが原因で津山藩主がご乱心？

## 犬小屋造営に苦労する津山藩

将軍綱吉の代名詞にもなっている政策といえば、貞享二年令を嚆矢《こうし》とする生類憐みの令だろう。もともと、同令は戦国以来の殺伐とした社会の気風を改めることを意図した施策であった。綱吉が厚く信仰した仏教の影響も強かった。

ところが、生類のなかでも犬の愛護を事細かく求めたことで、庶民の負担が諸々重くなる。

たとえば、幕府が江戸の町に命じた犬の愛護の方法とは次のとおりである。

「犬が大八車や牛車に轢《ひ》き殺されないようにせよ」

「犬の喧嘩は水を掛けて引き分けよ」

「往還に痩せた犬がいれば餌を与えて養育せよ」

「犬同士が喧嘩していたら犬医師のもとに連れていき、診察を受けさせた上で薬を貰い養育せよ。ただし薬代は自弁」

江戸市中のすべての飼い犬の数や毛色などを帳簿（毛付帳《けづけちょう》）に記載することも命じた。これは犬の愛護を徹底するためであった。

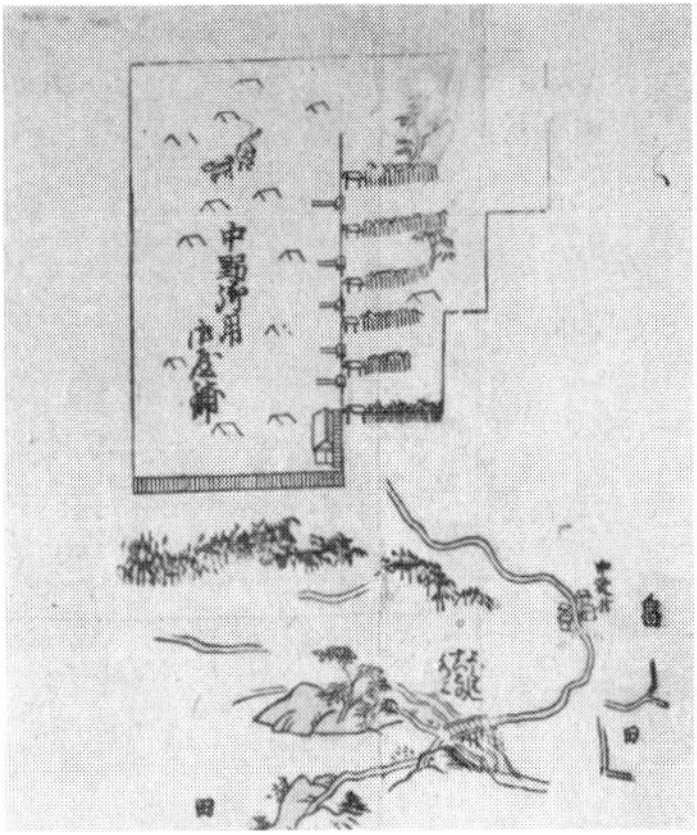

元禄12年（1699）刊の江戸図に描かれた中野の犬屋敷（『江戸大絵図元禄十二年』国会図書館所蔵）

しかし、犬の愛護を実現するため に規制を設ければ設けるほど、庶民は後難を恐れるようになり、飼育に後ろ向きとなる。幕府は犬を傷付けた者に厳罰を科したが、これもまた逆効果となるだけだった。捨てられる犬が増える結果となり、規制だけでは捨てられた犬の養育が実現できない現実を思い知らされる。

止むなく、幕府はみずから犬の養

育にあたる。犬の収容施設つまり犬小屋を造ったのである。最初の犬小屋は武州多摩郡世田谷領喜多見《きたみ》村（現東京都世田谷区）に設けられたが、規模が小さかったため収容し切れなくなるのは時間の問題だった。その上、江戸から20キロ近くも離れており、犬を送り届けるだけでも大変であった。

よって、元禄8年（1695）に喜多見村よりもはるかに江戸に近い大久保・四谷（現新宿区）そして中野村（中野区）で広大な土地を確保する。犬小屋を新設して、多くの犬を収容できるようにした。

四谷の犬小屋は約2万5000坪、大久保の小屋は約1万8928坪余、中野の犬小屋に至っては16万坪もの規模だった。その建設を命じられた大名が二人いた。津山藩主・森長成《もりながなり》と讃岐丸亀藩主・京極高或《きょうごくたかもち》である。

津山藩に10万坪以上、丸亀藩に5万坪ほどが引き渡され、両藩は中野犬小屋の建設に取り掛かったが、莫大な出費を余儀なくされる。現場ではトラブルも絶えなかったようだ。とりわけ、津山藩で建設の責任者を務めた家老・関衆利《せきあつとし》はたいへん苦労したようである。

## 藩主の急死で家老がお殿様に

何とか犬小屋建設の幕命を果たした津山藩だが、2年後の同10年（1697）6月20日に4代目藩主の長成が病で、この世を去る。27歳の若さだった。

長成には跡継ぎがいなかったため、津山藩は幕府に末期養子を願い出る。白羽の矢が立ったのは、犬小屋建設の責任者を務めた関衆利である。

実は衆利は藩主の森家に生まれて家老の関家に養子に入った人物であり、長成の叔父にあたる。よって、津山藩では実家に戻して森姓に復させた上で、衆利を長成の養子にしたいと願い出る。首尾よく幕府の許可も得られ、ここに津山藩5代目藩主の森衆利が誕生する。

幕府は国元にいた衆利に対し、江戸出府を命じた。江戸城に登城して将軍に拝謁し、家督相続の御礼を申し述べるよう求める。

7月4日、衆利は国元を出立した。ところが、その途中、体調を崩してしまう。狂乱状態に陥り、ついには幕府から乱心したと認定される。

領内でのことならば露見しなかったかもしれないが、江戸に向かう道中のことであり、隠し通せなくなる。家督相続の御礼を申し述べる見込みも立たず、津山藩は万事休すと覚悟せざるを得なかった。

8月2日、幕府は御家断絶を申し渡し、津山藩森家は改易となる。

乱心の理由は不明だが、藩主の一族とはいえ、家老から藩主となったことへの戸惑いと緊張感に耐えかねた結果、情緒不安定となり乱心状態に陥ったのかもしれない。江戸城に登城して将軍に拝謁することは当の大名にたいへんな緊張感を強いるものであったが、中野の犬小屋建設に苦労したこととの関係を指摘する説もある。

不本意な形で改易となった森家だが、幕府にしても路頭に迷う浪人が増えるのは望ましいことではなかった。そのため、新たに大名に取り立てる形で森家に備中西江原《にしえばら》2万石を与えた。初代の西江原藩主となったのは、津山藩2代目藩主で衆利の父にあたる森長継《ながつぐ》だった。

# 10 赤穂事件の裁定は将軍綱吉に忖度して出された？

## 刃傷をめぐる噂の真相

赤穂浪士討ち入りの発端となった「刃傷松の廊下」は、綱吉の治世後半に起きた事件である。元禄14年（1701）3月14日、勅使《ちょくし》饗応役《きょうおうやく》の播磨赤穂《あこう》藩主の浅野内匠頭《たくみのかみ》長矩《ながのり》が高家《こうけ》肝煎《きもいり》の吉良《きら》上野介《こうずけのすけ》義央《よしひさ》に対し、江戸城松の廊下において刃傷に及んだ。

長矩が義央に「この間の遺恨覚えたるか」と叫んで刃傷に及んだ理由については、現在に至るまで諸説語り継がれている。忠臣蔵ものは長矩が善で義央が悪の前提で描かれているため、その影響を受けて義央に原因が求められがちである。

饗応役を務めるに際して義央からは様々な指南を受けなければならなかったが、その際に賄賂を贈らなかったため、陰湿ないじめを執拗に受ける。長矩はその屈辱に耐えかね、遺恨が生じたという説が人口に膾炙《かいしゃ》している。饗応役を務めるに際し、長矩が自腹で用意しなければならなかった饗応費が前年より少なかったことに加え、慣例の賄賂を贈らなかったことが指南役たる義央の不興を買って嫌がらせを受けたというわけだ。

また、赤穂は良質な塩の産地として知られたが、領内に塩田を抱える義央がこれに目をつける。長矩から製塩技術を聞き出そうとしたものの断られ、両者に遺恨が生じたという説もある。だが、義央の領内に塩田はなかったため、この説は現在では否定されている。

近年の研究では、長矩の気性や体調に刃傷の理由を求める説が有力だ。元来痼癪持ちだったところに、勅使饗応役という大任を務めることへの肉体的・精神的な疲れが溜まっていたという筋立てである。

義央の眉間に脇差をもって斬り付けて軽傷を負わせた長矩は、その場にいた旗本で留守居番の梶川与惣兵衛《かじかわよそべえ》に抱きとめられる。梶川は駆け付けてきた目付衆《めつけしゅう》に長矩の身柄を引き渡した。目付の任務は幕臣の監察だが、殿中《でんちゅう》で礼法が守られているかをチェックすることも大事な役目だった。

## 綱吉への忖度から出された裁定

その後、梶川は老中・若年寄・大目付列座の席に呼び出されて尋問を受ける。長矩が斬りつけた時、義央が刀に手を掛けたか否かが吟味の眼目だったが、刀に手を掛けなかったと答えている。喧嘩の末の刃傷沙汰かどうかが確認されたが、当事者ではない第三者の証言が結局は決め手となる。

当時、武家社会には喧嘩両成敗の原則があった。喧嘩に及んだ者はその理非にかかわらず、双方とも処罰されなければならない。喧嘩で一方が死亡すれば他方は死罪となる原則だった。今回の刃傷が喧嘩の末でのことならば、義央も処罰対象となる。

「仮名手本忠臣蔵」において、浅野内匠頭をモデルにした塩谷判官の切腹場面（歌川芳藤『仮名手本忠臣蔵 四段目』東京都立図書館所蔵）

一方、長矩は目付の多門《おかど》伝八郎《でんぱちろう》たちから事情聴取を受ける。場所柄を弁《わきま》えずに刃傷に及んだ理由を問われ、「遺恨から前後を弁えず刃傷に及んだ」「打ち損じたことは残念だ」「自分は乱心ではない」とも答えている。しかし、遺恨の内容については何も語らなかった。

この事情聴取を踏まえ、今度は別の目付が義央に長矩の言う遺恨について説明を求めた。義央は目付からの尋問に対し、恨みを受ける覚えはないと答えている。

その結果、「義央は一方的に斬り付けられたのであり、両者の間に喧嘩はなかった。喧嘩両成敗の原則は適用されない」と認定される。そして、時と場所を弁えず理不尽に斬りつけたとして、長矩は即日切腹。浅野家は御家断絶。赤穂藩は改易となった。相手の義央に対しては、場所柄を踏まえて手向かいもしなかったのは神妙の至りということでお構いなしの裁断が下る。

この裁断は、綱吉の寵臣で側用人《そばようにん》の柳沢保明（のち吉保《よしやす》に改名）から綱吉の意向として伝えられたものだった。だが、伝八郎は異議を申し立てる。

長矩が家名を捨ててまで刃傷に及んだからには、義央にも何か落ち度があったに違いない。長矩は切腹で義央はお構いなしの裁定では、喧嘩両成敗の原則に反すると浅野家側が猛反発することを危惧したわけだが、保明に一蹴される。

この年の勅使饗応は、綱吉にとり非常に重要であった。母桂昌院《けいしょういん》に対する朝廷からの贈位（翌年に従一位が実現）を期待していた綱吉にとり、勅使には気分よく京都に戻ってもらわねばならなかった。

そうした大事な折に、当の饗応役である長矩が刃傷に及んだため、綱吉の逆鱗に触れる。保明はその意向を慮り、長矩への厳しい処置を指示する。

だが、幕府の裁定は喧嘩両成敗のルールが適用されなかった浅野家に大きな不満を残した。吉良邸討ち入りまでの長い道程は、この日よりはじまる。

# 11 赤穂事件を教訓に遺恨の相手を殺したお殿様

## 険悪な関係の殿様たちが同じ饗応役に

「刃傷松の廊下」は勅使《ちょくし》饗応役《きょうおうやく》の浅野長矩《ながのり》が江戸城で刃傷に及んだ事例だが、それから8年後の宝永6年（1709）にも同じく勅使饗応役の大名が刃傷に及ぶ。刃傷に及んだ相手は同役の大名だった。

勅使饗応役どうしの刃傷という前代未聞の事件が起きたのは、将軍綱吉が死去した年でもあった。場所は寛永寺である。

宝永5年（1708）秋から翌6年にかけ、感染症の一つである麻疹《はしか》が大流行した。江戸の町でも多数の死者が出たが、綱吉も感染している。麻疹は子どもの病気というイメージが今も強いが、綱吉はすでに還暦を超えていた。つまりは成人麻疹だった。

治療の結果、綱吉は平癒した。当時は麻疹から回復すると、快気祝いの儀式である「酒湯《ささゆ》の式」を執り行うことが慣例化していた。米のとぎ汁に酒を少し加えたものを沸かして水浴することで、麻疹からの回復を周囲に知らしめる儀式である。麻疹のみならず、疱瘡《ほうそう》や水疱瘡《みずぼうそう》から回復した時にも執り行われた。

平癒した綱吉も酒湯の式を執り行ったが、これが逆効果となる。容態が急変し、帰らぬ人となった。同6年（1709）1月10日のことであった。享年64。大人が罹患《りかん》すると子どもよりも重症化しやすかった病気とはいえ、綱吉が麻疹で死去したことは社会に大きな衝撃をもって受け止められたのは想像するにたやすい。

綱吉は跡継ぎを儲けられなかったため、宝永元年（1704）に甥の綱豊《つなとよ》を養子と定めていた。綱豊は名を家宣《いえのぶ》と改め、江戸城西丸《にしのまる》御殿《ごてん》に入る。西丸御殿は隠居した将軍のほか、次期将軍が住む御殿であった。6代将軍となるまでの間、家宣は西丸で過ごしたが、綱吉の死去に伴い、いよいよ代替わりの運びとなる。

新将軍家宣最初の大仕事は、前将軍綱吉の葬儀と法要を執り行うことであった。綱吉は家綱と同じく寛永寺に葬られることになり、葬儀に続けて法要も執り行われた。法要には朝廷からも勅使が派遣されるため、幕府は大聖《だいしょう》寺《じ》新田《しんでん》藩主の前田利昌《としまさ》と大和柳本《やなぎもと》藩主・織田秀親《ひでちか》の二人に饗応役を命じる。二人とも1万石の小大名である。あいにく二人は仲が悪かった。

## 脇差で致命傷を与えるための工夫

二人の間で刃傷沙汰が起きたのは、綱吉の死から約1カ月のことであった。勅使饗応役として詰めた寛永寺で、利昌が秀親に対して刃傷に及んだ。綱吉の法要が執り行われた当日である。

詳しい経緯はわからないが、饗応役を務めるに際しての嫌がらせに耐えかねたことが原因のようである。利昌は遺恨を晴らすため、切腹そして御家断絶を覚悟して刃傷に及ぶことを決意した。

2月16日、利昌は秀親の腹を脇差で刺して殺害する。城内や儀式の場では警備の武士以外、大刀を帯びることはできなかった。要するに脇差しか差せないが、脇差で斬り付けるだけでは致命傷を与えるのは難しい。実際、脇差で斬り付けた浅野内匠頭《たくみのかみ》は吉良上《こう》野介《ずけのすけ》に軽傷を負わせただけだった。

刃傷を決意した利昌は、松の廊下での前例を参考にしている。つまり、秀親の腹を突くことで致命傷を与え、遺恨を晴らそうと考えた。そして、実行したのである。

幕府が今回の刃傷に対して下した裁決だが、利昌は切腹、大聖寺新田藩は改易とした。ただし、同藩は大聖寺藩から1万石を分けて立藩されたため、幕府はその旧領を没収した後、本藩の大聖寺藩に戻す処置を取る。

殺害された秀親の方だが、養子としていた異母弟の成純《しげずみ》（「なりとし」ともよむ）が跡目を相続した。石高は減らされずに、柳本藩主織田家は明治まで続く。

# 12 情緒不安定な殿様が見ず知らずの若殿を斬り付ける

## 面識もない大名から斬り付けられた毛利師就

江戸城松の廊下での刃傷沙汰は二度ある。一度目は元禄14年（1701）3月の浅野内匠頭《たくみのかみ》による刃傷であり、二度目は8代将軍吉宗の時代にあたる享保10年（1725）に起きた。刃傷に及んだのは信濃松本藩主・水野忠恒《ただつね》で、斬り付けられたのは長門長府藩主・毛利匡広《まさひろ》の世子師就《もろなり》であった。

2年前の享保8年（1723）に、忠恒は兄忠幹《ただもと》の死去を受けて6代目藩主の座に就いた。忠幹は名君としてその名が他藩にまで聞こえたが、弟の忠恒は大酒呑みである上に気が短かった。周囲からはその言動が危ぶまれたが、そんな忠恒が同10年（1725）

2月に江戸へ参勤することになる。

江戸に出府してきた忠恒には、美濃大垣藩主・戸田氏長《うじなが》養女との婚礼が予定されていた。7月21日、婚礼は盛大に執り行われる。28日には忠恒が江戸城に登城し、婚儀を執り行ったことを吉宗に報告する予定だった。

だが、水野家では忠恒の様子に不安を抱く。酒の飲み過ぎのため体調が優れず、情緒不安定でもあった。江戸城に登城した忠恒が吉宗の前で何か不調法なことをしてしまうのではと危惧したが、そのまま当日がやってくる。

徳川吉宗像《模本》

吉宗への拝謁と報告は、無事に済ませることができた。水野家の危惧は杞憂に終わったかにみえたが、直後に事件が起きてしまう。

吉宗の御前から松の廊下まで下がってきた忠恒がその場に居合わせた毛利師就に対し、いきなり腰の脇差で斬り付けたのだ。咄嗟《とっさ》に、師就は脇差の鞘をもって応戦している。鞘を抜いては斬り合い、すなわち喧嘩と認定されてしまうため、鞘のまま応戦した。

このとき、大垣藩の分家で大垣新田《おおがきしんでん》藩主の戸田氏房《うじふさ》が、付添いの形で忠恒に同行していた。よって、異変に気付いた氏房たちによりその身は取り押さえられる。師就は負傷したものの、命に別条はなかった。

目付のもとに引き出された忠恒は取り調べに対し、次のように答えたという。

「自分の不行跡はすでに広まっており、吉宗の耳に入れば所領を取り上げられる。所領は師就に与えられるだろうと思い、斬り付けた」

しかし、忠恒の所領を取り上げて師就に与える予定など、幕府にはなかった。そもそも、二人は面識さえなかったという。師就にしてみると、いわば通り魔に遭ったようなものだった。

刃傷沙汰については、裁決が速やかに下るのが通例である。前回の松の廊下の刃傷では即日切腹の沙汰が下り、赤穂《あこう》藩は改易となっている。

## 赤穂事件の反省から幕府の対応が慎重に

ところが、今回の刃傷では裁定が下ったのは約1カ月後のことである。水野家は御家断絶、所領7万石は没収という改易処分が下ったが、当の忠恒は死罪とならなかった。お預けの身となり、その後生き永らえる。

「仮名手本忠臣蔵」における、討ち入り場面（歌川国麿『忠臣義士夜討之図（部分）』東京都立図書館所蔵）

結論が長引いたのは、前回の松の廊下をめぐる裁定が浅野家の反発を買い、その旧臣たる赤穂浪士が吉良邸に討ち入る事態を招いたことへの深い反省があった。裁定に関する議論を引き起こしたことで幕府の威信が損なわれたという危機感から、今回の松の廊下では慎重な取り調べが行なわれた。後々批判されないよう調べを尽くしたのである。

その結果、忠恒は乱心していたと結論付ける。忠恒の負わせた傷がもとで師就が死去していれば死罪は免れなかったが、命に別条はなかった。よって、乱心者と認定することで、いわば責任能力がないとみなした。川越藩主秋元家に身柄を預け、助命したのである。水野家は御家断絶となったものの、忠恒を死罪に処さなかったことで、水野家旧臣による師就への復讐、つまり仇討ちを防ぐ意図もそこには込められていたことは見逃せない。

水野家は改易されたが、家康の母・於大《おだい》の方《かた》の実家であることが考慮される。忠恒の叔父にあたる忠穀《ただよし》に７０００石を与え、旗本ではあるものの、御家再興という寛大な処置が取られた。後には忠恒の身柄も忠穀に預けられる。

こうして、元文４年（１７３９）に死去するまで忠恒は生き永らえる。忠穀の子・忠《ただ》友《とも》の代には大名に復活し、老中まで務めるのである。

第三章

# 幕府に盾突いて大名廃業

## ——謀反の認定——

# 第三章　幕府に楯突いて大名廃業《総説》

第一章の冒頭でも指摘したとおり、大名の改易が集中したのは3代将軍家光までの時代だった。幕府に対抗しかねない諸大名の力を削ぎたい意図が背景にあったが、その対象は幕府と距離のあった外様大名とは限らない。幕府に近い徳川一門の親藩大名や譜代大名とて例外ではなかった。

親藩大名の場合は、幕府との距離の近さが逆に問題となる。徳川宗家（本家）の当主が将軍の座に就いて幕府を主宰したわけだが、親類筋の徳川一門であるため、その座が脅かされる危険性があった。自分に代わって将軍の座に就こうとしているのではと親藩大名を疑い、幕府への謀反であるとみなして粛清したのである。

初代将軍家康の指名により、三男の秀忠が2代将軍となる。秀忠には兄弟がたくさんいた。成人した兄や弟たちは親藩大名となるが、秀忠には自分を脅かす存在として映っていた。実際、秀忠により改易された弟もいた。秀忠の跡は長男家光が継いで3代将軍となるが、家光最大のライバルはすぐ下の弟であった。改易にとどまらず、その命まで奪っている。

譜代大名の場合は、親藩大名のように自分が将軍に取って代わることはできなかったが、その施政を批判することで将軍から危険視される事例が少なくなかった。つまりは幕府に楯突いたとみなされ、改易処分となる。幕府の政治を担当できるのは譜代大名に限られたため、譜代大名どうしの権力闘争の結果、敗者が改易される事例もみられた。

外様大名の場合は、家康が天下人となって幕府を開いたことで止むなく臣従した大名であったため、当初よりその動向が危険視された。よって、幕府に対抗あるいは反抗する動きを示せば、容赦なく改易に処している。

本章では、幕府に楯突いたとして謀反の嫌疑を掛けられて改易された大名の事例を取り上げる。

# 13 江戸開府からまもなく徳川家臣団のライバル対決が勃発

## 徳川家臣団のライバル関係

三河の戦国大名から武家の棟梁たる征夷大将軍に上り詰めた徳川家では、家康の創業を支えた三河時代からの家臣たちが最も重んじられた。いわゆる「三河譜代」である。家康に対する忠誠心も強かった。

一代で立身出世したため子飼いの家臣が少なかった豊臣秀吉とは対照的に、父祖以来の三河譜代の家臣を大勢抱えていたことが家康の強みとされることは多い。しかし、家康が天下人になるまでは一枚岩を誇ったイメージの強い徳川家臣団も、江戸開府後は事情が変わってくる。

三河譜代の家臣のなかで大名に出世した者たちが、幕政の主導権をめぐって権力闘争を展開していたのである。豊臣家臣団が石田三成たち文治派と加藤清正たち武断派の家臣に分かれて激しい抗争を繰り広げた構図と類似していた。

江戸開府直後、幕府で重きをなした三河譜代の大名が二人いた。一人は本多正信《ほんだまさのぶ》で、もう一人は大久保忠隣《ただちか》である。正信は相模甘縄《あまなわ》で2万2000石、忠隣は相模小田原で6万5000石の身上だった。

本多正信像《模本》

正信は家康の謀臣だが、かつて家康に反発して浄土真宗本願寺派の門徒が起こした三河の一向一揆では一揆勢に属したことがあった。そのため、一揆が鎮圧されると加賀国に逃亡するが、後に赦免される。その後は家康が最も信頼する家臣となり、行政面で手腕を発揮した。

慶長10年（1605）に家康に代わって秀忠が将軍の座に就くと、秀忠付の「年寄」に任命される。この年寄こそ後の老中であり、譜代大名が老中に登用された最初の事例だった。

ただし、秀忠に将軍の座を譲ったとはいえ、引き続き幕府の実権を握っていたのは「大御所《おおごしょ》」と呼ばれた家康である。これを俗に「大御所政治」と呼ぶ。

そして、正信の嫡男正純《まさずみ》は家康付の年寄を務めた。親子で家康と秀忠を補佐した。

一方、忠隣は戦場で粉骨砕身して家康の創業を支えた大久保一族の出身である。家康の小姓からスタートした忠隣は武功を挙げる一方で、その事務能力が高く評価され、側近として台頭する。秀忠が将軍となると、正信と同じく行政手腕が買われて秀忠付の年寄役に任命される。石高では正信を凌駕した。

まさしく、本多正信・正純父子とはライバル関係にあった。両者は幕府内で暗闘を繰り広げたが、その抗争に決着がつく時がやってくる。

## 忠隣が失脚して大久保家は一時断絶

慶長18年（1613）4月、代官頭や国奉行、金山奉行などの要職にあった大久保長《なが》安《やす》が死去した。武田氏旧臣の長安は忠隣の引きで家康に仕えた。江戸開府前は、甲斐や関東などの領国経営で手腕を発揮する。

江戸開府後も忠隣の右腕として幕府領の支配にあたる一方で、佐渡や伊豆の金山・鉱山の奉行として活躍し、幕府の財政を大いに潤した。江戸城の普請でも手腕を発揮したが、その死後に生前中の不正が発覚する。

金山や鉱山から得た金銀を隠匿するばかりか、幕府転覆も計画したというのだ。吟味の結果、大久保家は改易となり、7人の子どもも死罪に処せられた。長安と縁があった大名や旗本も連座する形で処罰されたが、忠隣にも魔の手が忍び寄る。

当時、家康の主君だった豊臣秀頼が大坂城で顕在だった。豊臣家に代わって天下人となった家康としては、その動向に警戒を怠らなかったが、なんと忠隣が豊臣家に内通しているとの訴えが家康のもとに届けられる。同年12月のことであった。

忠隣を陥れる讒言《ざんげん》だったようだが、これを信じた家康は翌19年（1614）正月に忠隣を改易に処す。この事件を機に小田原藩大久保家は一時断絶し、大久保一族は雌伏の時代が長く続く。

ただし、武蔵騎西《きさい》藩主だった孫の忠職《ただもと》はそれまでの功績が考慮されて改易までには至らず、蟄居を命じられた。また、騎西藩大久保家の方は、御家存続を許されている。忠職が赦免されるのは、それから約十年後である。忠職の養子忠朝《ただとも》の代に、大久保家は念願の小田原藩主復帰を果たした。

忠隣失脚の真相については諸説あるが、正信・正純父子の策動があったことは想像するにたやすい。忠隣失脚を機に、正信・正純父子の権勢がいっそう強まったことだけは確かだった。大坂の陣がはじまったのは、それから9カ月後の同年10月のことである。

同20年（1615）5月、大坂城は落城して豊臣家は滅亡した。幕府の礎は固まったが、その裏で権力闘争の末に、改易に処せられた譜代大名がいたことはあまり知られていない。

# 14 将軍秀忠に粛正されて90歳を超えても許されなかった弟忠輝

## 伊達政宗の娘婿で剛毅な松平忠輝

親藩大名のなかで最初に改易されたのは、家康の五男で名門武田氏の養子となっていた武田信吉《のぶよし》だったが、信吉の場合は幕府から咎めを受けて御家断絶となったのではない。跡継ぎがいなかったことが理由である。幕府から咎めを受けて改易された最初の親藩大名は、奇《く》しくも信吉のすぐ下の弟にあたる六男の松平忠輝《ただてる》だった。家康から跡継ぎに指名されて将軍となった三男秀忠の13歳年下にあたる。

忠輝は父家康から疎んぜられた点で次男秀康《ひでやす》と同じ境遇にあったが、必ずしも冷遇されたわけではない。秀忠つまり将軍の弟にふさわしい大封《たいほう》が与えられたからだ。秀康に

徳川秀忠像《模本》

は越前で68万石を与えたが、忠輝にも越後で60万石を与え、高田城主としている。大封を与えることで秀忠を支えることが期待されたのだろう。ただ、秀忠の立場からすると、忠輝は自分の存在を脅かしかねない存在として映っていたはずだ。

秀忠には兄が二人いたが、長男信康《のぶやす》は早くにこの世を去り、次男秀康は秀忠が将軍の座に就いた2年後の慶長12年（１６０７）に死去した。すぐ下の弟で四男の松平忠吉《ただよし》も同年に死去し、五男の武田信吉もすでにこの世にはいなかった。秀忠としては否応なく忠輝の存在を意識せざるを得なかっただろう。

その上、忠輝は有力外様大名で仙台藩主の伊達政宗の娘、五郎八《いろは》姫《ひめ》を正室に迎えていた。かつては豊臣秀吉をてこずらせ、家康も警戒心を緩めなかった奥州の雄をバックにした忠輝。秀忠はその動向にさらに目を光らせたのではないだろうか。

一方、忠輝は剛毅で勇猛な人物であった。ところが、大坂城の豊臣秀頼を攻めた同19年（１６１４）の大坂冬の陣では江戸で留守居を命じられたため、これに不平を鳴らす。よって、翌20年（１６１５）の大坂夏の陣では大坂への出陣を命じられたが、家康や秀忠の不興を買う事件を起こしてしまう。

大坂に向かう途中の近江守山《もりやま》で、自分が率いる軍勢を秀忠の旗本二人が追い抜いたことに立腹し、斬り殺したのだ。それだけ戦意が旺盛だったのかもしれないが、秀忠からすると、自分に対する挑戦と映ったに違いない。大坂城攻めでも戦場に遅参し、さらなる不興を買う。

## 大名身分を失い赦免されずに死去

その後、家康と秀忠は豊臣家を滅ぼすことで幕府の礎を固めたが、忠輝には大坂夏の陣での不始末を理由に厳しい処置に出る。家康との面会を許さず、事実上、勘当した。

元和2年（1616）4月に家康は駿府城で死去するが、その時も忠輝は面会を許されなかった。家康の病が重くなったことを知って駿府まで駆け付けたものの、家康の怒りは解けていなかったようだ。面会を果たせないまま、家康はこの世を去る。

それから3カ月後の7月に、忠輝は秀忠から改易を通告される。改易の理由としては、家康と秀忠の不興を買った大坂夏の陣での一件が挙げられているが、他の理由も取沙汰されたとみる向きもある。幕府が禁止したキリスト教の布教や、幕府が消極的だったヨーロッパとの貿易に積極的であったことが警戒されたという説である。

もちろん、そうした理由もあっただろうが、秀忠の立場からすると、もともと忠輝が自分の存在を脅かしかねない存在だったことは外せない。岳父の伊達政宗の存在も背後にはちらついた。まして家康の死により、社会の動揺が避けられない時でもあり、忠輝を粛清することで権力基盤を確固たるものにしたい狙いがあったことは否めない。幕府に刃向かう者は家康の子といえども容赦しない断固たる姿勢を示した。

改易された忠輝は伊勢の朝熊《あさま》に流された。幕府に咎めを受けて改易された最初の親藩大名となった忠輝は当時26歳だったが、その後の人生は60年以上も続く。

元和4年（1618）には飛騨高山藩主・金森重頼《かなもりしげより》にお預けとなった。大名の身分を失っただけでなく、引き続き罪人として監視対象とされた。寛永3年（1626）には諏訪《すわ》高島《たかしま》藩主・諏訪頼水《よりみず》にお預けとなる。

結局、幕府から赦免されることはなく、幽閉された高島城南の丸で最期を迎える。天和3年（1683）に92歳でこの世を去った。

たとえ家康の子であっても、幕府に刃向かった大名は容赦しない姿勢を諸大名に見せつけるため、いわば晒し者にされた悲劇の大名であった。

# 15
# 甥っ子の改易をためらった将軍秀忠の引け目

## 家康の孫に募る不満

家康は三男の秀忠を徳川宗家の跡継ぎに指名し、慶長10年（1605）に将軍の座も譲った。この時、秀忠には兄が一人いた。天正7年（1579）に、家康は徳川家の内紛を収めるため長男の信康《のぶやす》を自害させており、長幼の順からすれば次男の秀康《ひでやす》が跡継ぎとなるはずであった。

ところが、家康が跡継ぎに指名したのは秀忠だった。家康には多くの子どもがいたが、もともと秀康のことは嫌っていたという。

家康と豊臣秀吉が戦った小牧・長久手の戦いの後、秀康は秀吉のもとに養子に出される。事実上の人質だった。秀吉が天下統一事業を完了させた小田原攻めの後、その命により今度は下総の名族結城《ゆうき》家の養子となる。その後、家康が関ヶ原合戦に勝利して天下人となると、越前68万石を与えられた。

徳川一門の親藩大名ではトップの石高を誇ったが、兄を差し置く形で徳川宗家を継いで将軍の座を継ぐことになった秀忠や父家康の配慮があったことは、想像に難くない。

江戸開府から4年後の慶長12年（1607）に、秀康は34歳の若さで病死する。秀康の跡を継いだのは長男の忠直《ただなお》であり、忠直の代から徳川家の旧姓松平を名乗る。松平忠直の誕生だった。

秀忠は三女の勝姫《かつひめ》を忠直に嫁がせ、徳川将軍家と越前松平家の絆を強めることに意を注ぐが、やがて関係は悪化していく。その大きな契機となったのが、慶長20年（1615）の大坂夏の陣における論功行賞であった。

この時、忠直率いる越前松平家の軍勢は奮戦する。家康本陣に突入するなど獅子奮迅の働きをみせた真田信繁（幸村）の軍勢を打ち破った。信繁も討ち取る。

しかし、家康は茶器「初花肩衝《はつはなかたつき》」をもって恩賞に代えただけだった。加増はなく、忠直としては不満を抱かざるを得ない。

そもそも、忠直には父秀康が秀忠に代わって将軍の座に就いても何の不思議もないという意識があったのだろう。要するに、自分が将軍であっても不思議ではないと考えたはずである。

## 忠直の御乱行に強く出られない秀忠

こうして、忠直の幕府に対する不満は募る一方となる。大坂夏の陣から3年後にあたる元和4年（1618）頃からは、病気を理由に将軍のお膝元江戸に参勤しなくなる。参勤交代の制度が確立するのは3代将軍家光の時代だが、秀忠の時代から諸大名による江戸参勤ははじまっていた。幕府への忠誠を誓うため、すでに諸大名は競って江戸に参勤しており、江戸参勤の拒否は幕府への反逆行為とみなされた。改易処分を受けても仕方がなかった。

しかし、秀忠は忠直の処分を躊躇《ちゅうちょ》する。参勤を督促するにとどめた。先に秀忠は弟の忠輝《ただてる》を改易に処したが、その際に逡巡した様子はみられない。忠輝のように、自分の座を脅かす存在とはみていなかったのではないか。

もちろん、娘婿だったことも大きかったはずだ。自分の代わりに将軍となっていても不思議ではない兄の子でもあり、処分を猶予した。引け目を感じていたのだろう。

ようやく、同7年（1621）に入って、忠直は江戸参勤の途に就くが、その途中の関ヶ原で行列を止めてしまう。関ヶ原に長くとどまった後、病気であると称して引き返し、代わりに勝姫との間に生まれた嫡男光長《みつなが》を江戸に向かわせた。翌8年（1622）にも再び江戸参勤の途に就くが、またしても途中で引き返してしまう。

忠直に対する幕府の印象は悪くなる一方だったが、家中も大きく動揺していた。重臣・永見貞澄《ながみさだずみ》の一族を討ち滅ぼす所行に及んだことは大きかったようだ。さらには、正室勝姫付の侍女を手にかけたという言い伝えまで残されており、精神的に非常に不安定だった様子が窺える。ついには、一連の藩内の混乱を受けて、秀忠の越前出陣までが取沙汰される事態となる。

事ここに至って、秀忠もさすがに忠直の行状を黙殺できなくなる。元和9年（1623）2月に至って、隠居して家督を光長に譲るよう求めた。事実上の改易処分だったが、家督相続を認めており、その点も忠輝改易時の対応とは違った。忠直に対する引け目が窺える。

そして、忠直も秀忠の求めに従って隠居し、翌3月に配所先の豊後国へと向かった。慶安3年（1650）に56歳で死去するまで、豊後で生き永らえるのである。

# 16 将軍の面目を潰した大名を処分して諸大名の気のゆるみを矯正

## 徳川家が抱いた諸大名への警戒感

慶長20年（1615）5月、家康は全国の大名を動員して大坂城に籠る豊臣家を滅ぼした。いわゆる大坂夏の陣である。以後、島原の乱を除いて幕末まで戦乱は起きず、泰平の世に入っていく。

豊臣家を滅ぼした勢いで、閏6月には一国一城令を発する。居城以外の城郭の破却を命じたが、これは西国大名宛に個別に出されたものであった。

西国大名の大半は、かつて豊臣秀吉のもとで徳川家と同列の大名であった。要するに外様大名であり、幕府としては警戒を緩めることはできなかった。今は服属しているが、今後幕府に反旗を翻すことがないとは言い切れない。

よって、その軍事力を削ぐために居城以外の城郭を破却させた。同令は西国大名が対象だったが、東国の大名も幕府の意図に忖度して居城以外の城郭を破却することになる。

翌7月には諸大名宛に武家諸法度が公布された。これは全国の大名を対象としており、後には将軍の代替わりごとに公布されることが慣例となる。武家諸法度に違反した場合は改易の運命が待っていた。

秀忠の名で公布された最初の武家諸法度は13カ条から成る。その第6条目では一国一城令を受ける形で城郭に関する規制が掲げられる。城郭つまり居城を補修する際には届け出ることを命じるとともに、新たに城郭を築くことが堅く禁止された。

以後、城郭については現状維持の厳守を諸大名は求められる。現状を改変する場合は幕府に届け出ることが義務付けられた。幕府の許可なく居城を普請できなくなったが、早くも3年後には違反する大名が出てしまう。

## 将軍秀忠の威信をかけた福島正則の改易

外様大名は秀吉の天下統一の過程で服属した大名と、秀吉により取り立てられた豊臣恩顧の大名の二種類に大別できる。後者の代表格としては安芸広島藩主の福島正則が挙げられる。「賤ヶ岳《しずがたけ》の七本槍」の一人でもあった。

家康が天下人の座に就いた関ヶ原合戦で、正則は家康を盟主とする東軍に属して軍功を挙げた。よって、戦後の論功行賞では尾張清洲24万石から安芸広島49万８０００石余に加増転封となっている。

福島正則像《模本》

居城に定めた広島城は、戦国大名の代表格として知られた毛利元就の孫輝元《てるもと》により築かれた。もともと、毛利家は同じ安芸国の郡山城《こおりやまじょう》（現在広島県安芸高田市）を居城としていた。名前のとおり山城だったが、秀吉の勧めもあり、平地に居城を築くことになる。

天正17年（１５８９）より、太田川が瀬戸内海に流れ込むデルタ地帯に築城を開始する。同19年（１５９１）に輝元は入城を果たすが、本丸など主要な部分ができただけだった。城は完成しておらず、落成したのは慶長4年（１５９９）のことである。

ところが、翌年の関ヶ原合戦で輝元が家康に敵対する西軍の盟主となったことで、戦後処理で大減封されてしまい、長門・周防に国替えとなる。落成したばかりの広島城は正則に与えられた。

しかし、豊臣恩顧の大名である正則に向けられた幕府の視線は、厳しいものがあった。その動向は危険視され、正則のミスに付け込む形で改易が断行される。

広島城はデルタ地帯に築かれた城であるため、水害に遭いやすかった。元和3年（1617）の大洪水による水害では、本丸・二の丸・三の丸・石垣などが破損してしまう。翌4年（1618）に正則はその普請を行っているが、武家諸法度で定められた届け出を怠ったため、幕府からの咎めは免れなかった。

同5年（1619）4月、秀忠は正則を改易に処そうと考えたが、他の大名への影響も考慮する。正則も詫びを入れてきた。よって、新たに修復した石垣や櫓《やぐら》を破却するなどの条件を付け、いったんは不問に付した。

後の改易の事例と比べると、非常に慎重な姿勢を取っている感は否めない。秀忠の将軍としての権威が弱かったことが一番の理由だろう。

しかし、正則は幕府との約束を守らず、破却しないまま日を過ごしたため、今度は容赦せずに断固たる姿勢を取る。これ以上、不問に付せば秀忠の面目は丸潰れであり、将軍としての権威に傷が付くからだ。

かたや正則は秀忠を甘くみていたのかもしれない。相手が家康ならば、そんな態度は取らなかっただろう。

6月、当時江戸にいた正則は所領を召し上げられ、津軽への転封が通告された。国元にいた家臣たちは広島城の明け渡しに抵抗する姿勢を示したが、秀忠は幕府の断固たる姿勢を示すため、中国・四国の諸大名に対して広島城受け取りのため出陣を命じる。広島に向かった軍勢は総勢10万人にも達したという。

このままでは合戦は避けられなかったが、江戸で身動きが取れなかった正則の命により家臣たちは開城を受諾する。その後、正則は信濃・越後で4万5000石を与えられた。秀忠が武力をもって改易の断行に成功したことで、将軍としての権威がアップしたのは言うまでもない。

寛永元年（1624）に正則は蟄居先の信濃高井郡で死去するが、幕府が派遣した検使が到着する前に、家臣により遺骸が火葬されてしまう。これが問題視されて、福島家は改易となる。ここに大名としての歴史は終わった。

# 17 将軍家安泰のために家康時代からの重臣を粛正

## 根拠のない話をして秀忠の不信を買う

元和2年（1616）4月、前将軍・徳川家康は駿府城で死去した。名実ともに代替わりとなったことで、幕閣内でも大きな人事異動が行われる。

家康付の年寄として権勢を振った本多正純《ほんだまさずみ》が2代将軍秀忠付の年寄に加えられたのである。家康死去の2カ月後に秀忠付の年寄だった父正信《まさのぶ》が後を追うように死去したため、父の跡を継いだ形でもあった。

同役には酒井忠世《ただよ》、安藤重信《しげのぶ》、土井利勝《どいとしかつ》の3名がいた。正純が家康の信任を得て権勢を振っていたことで、秀忠にしてみると煙たい存在であった。同役の3名にしても同じ思いだったはずだ。家康付の年寄役として権勢を振った正純にも、無意識のうちに秀忠を軽んじた言動があったのかもしれない。

しかし、秀忠としては家康の信任が厚かった正純の功績は無視できず、同5年（1619）には所領を15万5000石とした上で宇都宮城を与える。父正信の遺領が2万石ほどだったことに比べると、破格の加増だった。

この年の6月、秀忠は大きな決断に踏み切る。豊臣恩顧で有力外様大名の広島藩主・福島正則を改易に処した。諸大名が幕府の許可なく城を普請することは禁じられていた。その禁令に背いて居城の広島城を普請したことが改易の理由である。

不測の事態に備え、中国・四国の諸大名には広島への出陣を命じた。福島家も広島城開城を拒否する構えをみせたが、結局のところは城の明け渡しに応じる。危惧していた籠城戦は起きなかった。

その折、正純は秀忠に対し、正則を改易に処すれば与する大名が10人ばかりは出るだろうと申し立て、改易を取り止めさせようとしたという。ところが、正則に与する大名など一人もいなかった。

諫止された格好の秀忠が正純に事実関係を問い糺《ただ》すと、根拠のない話だったことが判明する。このことが、後に正純改易の理由の一つとされる。

## 釣り天井事件が流布した背景

同8年（1622）4月、秀忠は家康七回忌のため日光東照宮に参詣した。往路も帰路も正純が城主の宇都宮城に宿泊する予定が組まれていたが、帰路は宿泊を取り止める。その理由は不明だが、これが秀忠を亡き者にしようとしたという宇都宮釣天井《つりてんじょう》事件の話のもとになる。

そして、運命の同年（1622）10月がやってくる。

山形藩主の最上家が御家騒動で改易されたことで、正純が山形城受け取りのため出向くことになった。そして山形に到着した頃、追いかけるように江戸から改易の申し渡しが届く。江戸を遠く離れ、宇都宮城にも在城していなかった時を狙い撃ちされたのだ。

秀忠自身は、正純改易の理由を次のとおり有力外様大名に説明している。

先の福島正則改易の時に何の根拠もない話を申し立てて、あたかも自分を脅すような行為に及んだのは許し難いこと。宇都宮城を与えた時に、自分には不似合いの城だと申し立てたのは不届きであること。以上二つの理由を挙げ、改易に処したと説明している。

要するに、正純の存在や言動に不快感を抱き続けていた秀忠が、江戸を離れた時期を好機として幕閣から追放したのである。当初は改易ではなく、減封の上、出羽由利《ゆり》

復元された宇都宮城の富士見櫓

5万5000石を与えるとしていたが、これを正純が固辞したことで秀忠が立腹し、改易の処分に至ったという。

しかし、世間は幕府の重臣たる正純が突然改易されたことに驚く。同時に不審感も抱いた。本当の理由が詮索されるなか、先の宇都宮城の宿泊取り止めが注目される。その結果、宇都宮釣天井事件という伝説が作り上げられていったようだ。

この頃、幕府では秀忠が嫡男家光に将軍職を譲る政治日程が組まれていた。翌9年（1623）7月に家光は3代将軍の座に就くが、その前に家光の負担となるような難しい政治問題はみずからの手で処理しておきたかったのだろう。

秀忠にとってみれば、家康付の年寄として権勢を振った正純が家光の時代まで政治的影響力を持つことは避けたかった。自分にとっても目の上のたんこぶであった。

そんな思いが秀忠をして突然の改易に踏み切らせたのだろう。そして、宇都宮釣天井事件が生まれる原因にもなったのである。

# 18 幕府の九州支配の踏み台として秀吉恩顧のお殿様を叩く家光

## 家光親政下最初の改易

寛永9年（1632）1月、前将軍の秀忠が江戸城西丸で死去した。元和9年（1623）に将軍の座を嫡男家光に譲った後も、大御所《おおごしょ》として幕府の実権を握り続けたが、その死に伴い、家光は名実ともに幕府のトップに立った。そして、親政を開始する。29歳の時であった。

5月24日、家光は江戸にいた有力外様大名の5人を江戸城に呼んだ。仙台藩主・伊達政宗、加賀藩主・前田利常《としつね》、薩摩藩主・島津家久《いえひさ》、米沢藩主・上杉定勝《さだかつ》、秋田藩主・佐竹義宣《よしのぶ》の5人である。

徳川家光像《模本》

家光は登城してきた5人に対し、同じ有力外様大名の熊本藩主・加藤忠広《ただひろ》を改易すると伝えた。6月1日には江戸在府中の諸大名にも登城を命じ、老中から加藤家改易を伝達させた。国元にいた大名には老中が書面にて伝えている。

加藤家改易という政治決断に踏み切ることで諸大名を震え上がらせ、家光の将軍としての権威を揺るぎないものにしたい――。そんな意図が込められていたことは想像に難くない。幕府による大名統制の切り札とも言うべき改易を最大限に利用しようとしたのである。

なぜ、加藤家の改易が諸大名を震え上がらせることになるのか。

それは、秀吉の小姓から取り立てられた加藤清正の三男である忠広が、先に改易された広島藩主・福島正則とともに豊臣恩顧の大名の代表格だったからだ。石高も54万石の大封であり、兼ねてより幕府からはその動向が危険視されていた。

そうした折、真偽は不明だが、忠広の嫡男光広《みつひろ》が家光暗殺を企てる密書を発したことが発覚する。老中・土井《どい》利勝《としかつ》を首謀者とする計画であったという。

加藤家謀反の噂が諸大名の間に広まるなか、忠広が江戸で生まれた子を母親とともに幕府に無断で国元へ送ったことも判明したため、さらに問題視された。この件も改易の理由として挙げられている。

折しも、忠広は参勤交代で熊本から江戸に向かっていたが、江戸に入る直前の東海道品川宿で止められ、そのまま改易が通告される。忠広は出羽に流され、庄内藩主酒井家にお預けの身となった。光広も飛騨に流された。

以前より、加藤家は藩内が混乱しており、御家騒動も起きていた。幕府の介入も許し、家臣たちも処罰された。今回の改易は、そんな家中の混乱に付け込んだものでもあった。

いずれにせよ、幕府は有力外様大名加藤家を改易することで、名実ともに将軍となった家光の力を諸大名に存分に見せつけたのである。

## 譜代大名が九州へ進出する

加藤家改易を受け、幕府は同じく有力外様大名の豊前小倉藩主・細川忠利《ただとし》を加増の上、熊本に転封している。ここに熊本藩細川家が誕生した。そうした経緯もあったためか、熊本藩は外様ながら幕府寄りのスタンスを取ることになる。

細川家の旧領には譜代大名が封じられた。播磨明石藩主の小笠原忠真《おがさわらただざね》が小倉に、同

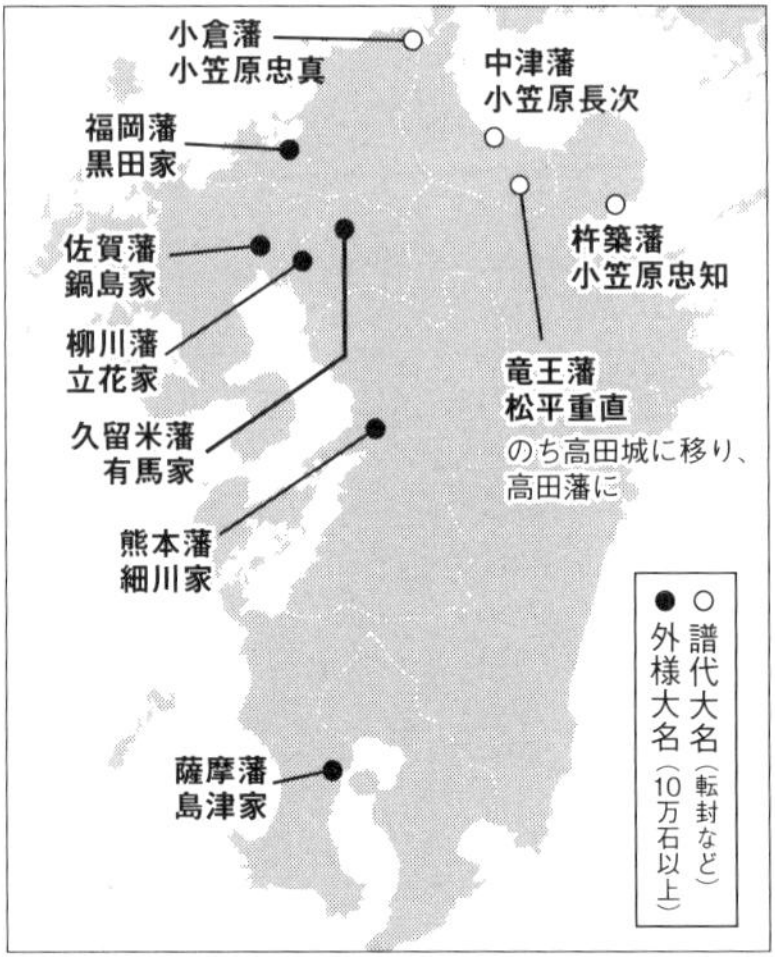

加藤忠広改易後の九州勢力図

龍野《たつの》藩主・小笠原長次《ながつぐ》が豊前中津に、忠真の弟忠知《ただとも》が大名に取り立てられて豊後杵築《きつき》に封ぜられた。摂津三田藩主の松平重直も豊前竜王に転封された。

それまで、九州の地に譜代大名は豊後日田藩主の石川忠総《ただふさ》しかいなかった。九州のほとんどは外様大名により支配されていたが、幕府は加藤家改易を契機に北九州の豊前と豊後に譜代大名を一気に進出させる。薩摩藩島津家、福岡藩黒田家、佐賀藩鍋島家などの有力外様大名に睨みを利かせる役割を担わせた。

これにより、幕府の支配は九州に浸透することになり、全国政権としての立場を確立させていく。加藤家はその踏み台として改易されたのであった。

# 19 栄達を得るも幽閉されて自害 将軍家光と弟忠長の確執

## 寵愛を受ける忠長が家光を差し置いて将軍に？

2代将軍秀忠の跡を継いで3代将軍となったのは長男の家光だが、長男であるからといって自動的に跡継ぎの座が約束されたのではなかった。ある人物の介入がなければ、弟の次男忠長《ただなが》の方が跡継ぎとなるところであった。

秀忠の正室は、織田信長の妹お市《いち》の方《かた》の三女・お江《ごう》である。秀忠との間に、二男五女を儲けた。男子の一人が家光で、もう一人が駿河大納言《するがだいなごん》と呼ばれた忠長だった。家光は慶長9年（1604）生まれで、忠長は2歳年下の同11年（1606）生まれだが、お江は弟の忠長を溺愛していた。お江の影響もあってか、秀忠も忠長を跡継ぎにしようと考

春日局像《模本》

えていたようだ。家光よりも忠長の方が聡明だったともいう。

これに危機感を持ったのが、乳母のお福（春日局）である。このままでは忠長が3代将軍になってしまうとして、当時駿府城にいた家康のもとを訪れ、家光が置かれている状況を訴え出たと伝えられる。両親の秀忠とお江が3代将軍となるべき家光を粗略に扱っていると申し立てたのだ。

家康としては、徳川家安泰のため家督相続のルールを確定しておくことが必要だった。家督相続争いはその家が滅びる元であると考えていた。

よって、家督相続にあたっては資質よりも年長であることを優先するよう秀忠に指示する。つまり、長男の家光を跡継ぎに定めるよう命じたのである。

秀忠は家康の三男であった。長男の信康は若くしてこの世を去るが、すぐ上の兄は自分が将軍になるまで健在だった。

三男でありながら徳川家の家督を相続することになった秀忠としては、跡継ぎに次男の忠長を指名しても、別に違和感を抱かなかったかもしれない。だが、家康は相続争いを防いで徳川の世を盤石なものにしたいという強い意思のもと、長男が家督を相続するルールを確定したのである。

家康の強力なバックアップのもと、家光は3代将軍の座が約束された。元和9年（1623）に、秀忠の譲りを受けて将軍の座に就く。

## 栄達を重ねるも幽閉されて自害

一方、忠長は家康が死去した元和2年（1616）に甲斐国を与えられる。家光が将軍の座に就いた翌年にあたる寛永元年（1624）には、家康の居城であった駿府城と、駿河・遠江で55万石の大封を与えられた。

母のお江が死去した同3年（1626）には大納言に昇任する。駿河大納言の誕生である。

だが、忠長の栄達もここまでだった。

同5年（1628）ごろから、忠長の行動が荒れはじめたという。秀忠の晩年にあたる同8年

**◉家光・忠長系図**

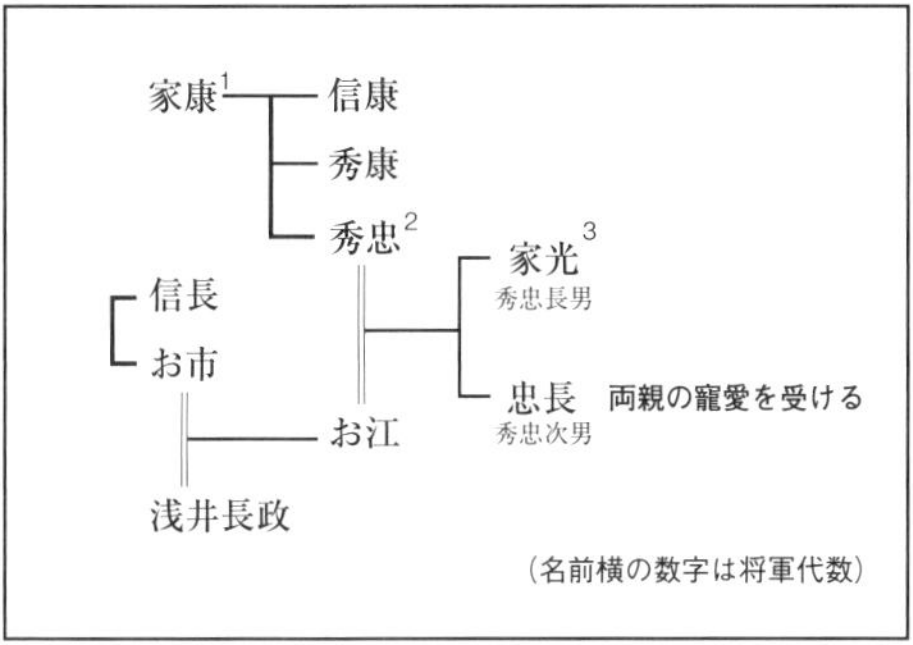

（1631）に入ると、家臣を手討ちにするなどの行動が目立ちはじめた。

忠長の常軌を逸した一連の所行を見かねた秀忠は、その年の4月に甲斐への蟄居を命じた。ただし、駿河・遠江の所領はそのままであり、改易というわけではなかった。精神不安定な状態にあった忠長を落ち着かせるため、いわば甲斐に転居させたのだろう。

忠長があたかも乱心したかのような行動に走った背景としては、家光に代わって将軍となっても不思議ではなかったという不満が大きく影響していたようだ。その点、同じく常軌を逸した所行に走った従兄の松平忠直と状況がよく似ていた。

しかし、翌9年（1632）1月に秀忠が病のため死去すると、忠長を庇ってくれる者はもういなかった。溺愛してくれた母のお江もこの世にはいない。家光としては実の弟とはいえ、自分のライバルとなりかねない忠長は邪魔な存在であった。

10月に、幕府は忠長を改易する。かつて、父秀忠が自分の座を脅かしかねなかった弟忠輝《ただてる》を、家康の死後間もなく改易に処したのと事情がよく似ていた。そして、所領を没収して上野《こうずけ》高崎にお預けの身とし、寛永10年（1633）12月に至って、忠長は配所の高崎で自害した。

将軍の弟といえども目に余る所業があれば改易も辞さず、ついには自害に追い込むという断固たる姿勢は諸大名を震え上がらせたに違いない。その脳裏には忠輝が改易されたことが浮かんだだろうが、秀忠はその命まで奪うことはなかった。

ところが、家光は弟を自害に追い込む。有力外様大名・加藤忠広の改易とともに、親藩大名・徳川忠長の改易そして自害は、家光の将軍としての威光を天下に強く示す役割を果たしたのである。

# 20 謀反を疑われたお殿様が抗議のために自害

## 首なしブリが招いた御乱行

3代将軍家光が死去した直後に、幕府転覆をはかった大事件が起きる。現在では慶安事件と称される由井正雪《ゆいしょうせつ》の乱である。慶安4年（1651）4月に、家光の死を受けて11歳の長男家綱が4代将軍の座に就く運びとなったが、朝廷から将軍宣下が下ったのは8月のことであり、それまでの間は将軍不在の状況だった。

社会は不安定にならざるを得なかったが、その間隙を突く形で正雪が幕府転覆をはかる。容赦ない大名の改易が浪人を増大させ、社会不安を招いていたことが背景にあった。

その反省から幕府は余程の失政や問題がない限り、大名の存続をはかるようになるわけだが、家光の晩年にあたるこの慶安年間（1648〜51）には謀反の疑いを掛けられて改易となった大名がいた。前途を儚《はかな》んでみずからの命を絶ったことで、幕府が後追いの形で御家断絶の処分を下した事例である。

丹波福知山藩主の稲葉紀通《いなばのりみち》は、4万5700石の小大名ながら、家光の乳母春日局の縁につながる譜代大名だった。だが、粗暴の振舞いが問題視されており、家臣や領民を多数殺害した噂まであったことが、幕府の記録にまで書き残されている。そんな紀通が隣国の丹後宮津《みやづ》藩主・京極高広《きょうごくたかひろ》との間でトラブルを起こしてしまう。

慶安元年（1648）春の頃である。所領が海に面していない紀通は海水魚を捕獲できなかったため、若狭湾に面する宮津藩にブリ100匹を所望した。ちょうど寒ブリの季節であり、贈答用として所望したが、藩主の高広は頭を切り落とした寒ブリを紀通に届けてきた。

詳しい事情はわからないが、二人の関係が良く

稲葉紀通の居城だった福知山城。明治時代に廃城となったが、1980年代に復元された

なかったことだけはわかる。これではあまりにも縁起が悪く、とても贈答品にすることなどできなかった。

## 謀反の嫌疑を苦にして自害

高広の嫌がらせに激高した紀通は、報復として領内を通過する京極家の飛脚に、鉄砲を撃ちかけた。大名どうしの合戦に発展してもおかしくない事件である。

よって、今回の事件は衝撃をもって受けとめられ、ついには稲葉家が幕府への謀反を企てているとの風評にまで発展してしまう。福知山城で籠城するため、二の丸の空堀に水を入れたという話もまことしやかに囁かれた。

もともと、紀通の粗暴な振舞いは幕府も懸念するところであり、その風評は信憑性をもって受け取られる。福知山近隣の諸藩からは、紀通の所行に関する報告が続々と届いた。幕府の代官として京都に置いた所司代・板倉重宗《しげむね》からも事態を危険視する報告が届いたため、幕府は動かざるを得なくなる。

家光は紀通に対して江戸に出頭するよう命じ、弁明の機会を与えようとした。その命に従わず籠城した場合は、近隣の諸藩に出兵を命じる予定であった。

しかし、情勢は急変する。

謀反を企てているとの風評が広まっていることに、紀通は愕然とする。よって、弁明を試みようとしたが、近隣諸藩が幕府の命令を受けて攻め込んでくる形勢になっていることを知り、もはやこれまでと観念する。

前途を悲観し、自害して果てた。8月20日のことである。謀反の噂に対して身の潔白を証明するには、その方法しかなかった。

幕府は想定外の事態に困惑する。調査の結果、紀通には謀反の意思などなかったことが確認された。結局のところ、粗暴な振舞いが普段から問題視されていたことが命取りになった格好である。

紀通を追い詰めてしまった反省から、幕府は紀通の子に御家相続を許したが、間もなく死去する。跡継ぎもいなかったため、稲葉家は改易となった。

この事例は、大名の謀反が未だ現実味を持って捉えられたピリピリした時代だったことを暗に示している。紀通にとっては、不運なことであった。

# 21 生活苦にあえぐ者を救うため抗議の托鉢を行った家康の甥

## 家康の甥が所領返上を申し立てる

慶安事件（由井正雪《ゆいしょうせつ》の乱）は、将軍不在の時期にあたる慶安4年（1651）7月に起きたが、同じく幕府に強い衝撃を与えた事件がその直前に起きていたことは、あまり知られていない。

公然と幕政批判を展開する大名が現れたのだ。危機感を抱いた幕府は、すぐさま改易に処す。正面切って幕政を批判して改易された最初の事例でもあった。

当時、三河刈谷《かりや》で2万石を領していた大名がいた。名を松平定政《さだまさ》と言い、家康の甥にあたる人物であった。

## ◉松平定政系図

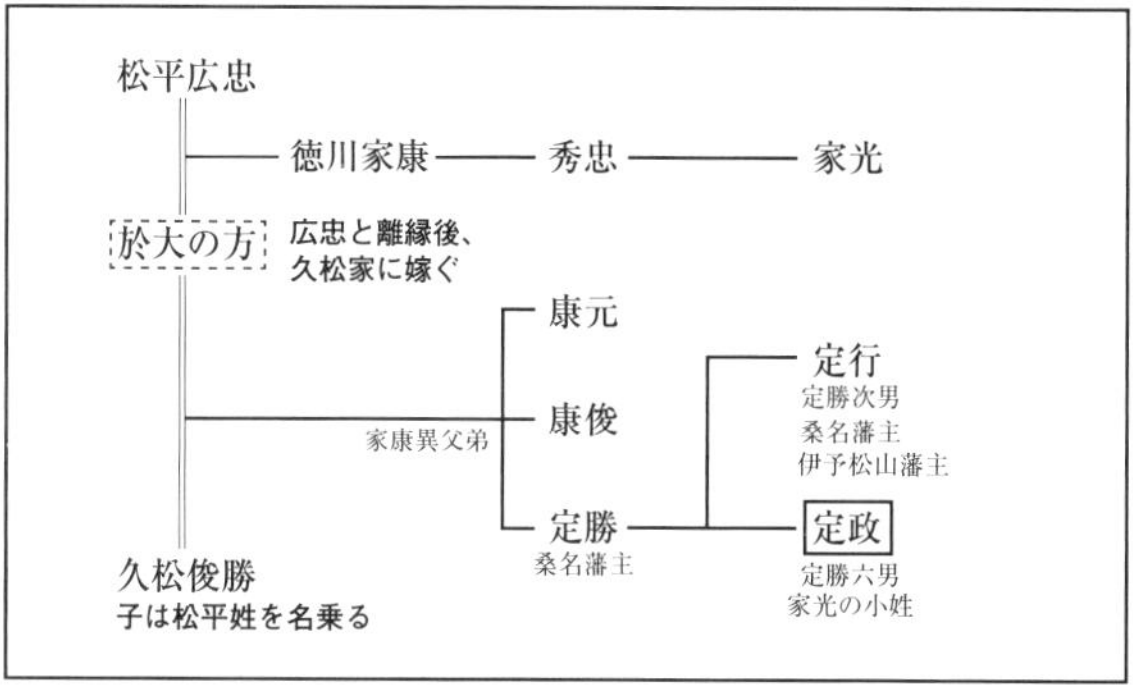


家康の母於大《おだい》の方《かた》は三河岡崎城主・松平広忠《ひろただ》のもとに嫁いで家康を儲けたが、その後離縁されて実家に戻されたことで、家康とは生き別れとなる。その後、於大の方は尾張阿古居《あぐい》城主の久松俊勝《ひさまつとしかつ》のもとに嫁ぎ、三人の男の子を儲けた。

その後、家康は異父弟にあたる三人の男の子（康元《やすもと》・康俊《やすとし》・定勝《さだかつ》）に松平姓を名乗らせ、一門として処遇した。その末弟にあたる定勝の六男が定政だった。

父の定勝は伊勢桑名11万7000石の大名にまで取り立てられ、他方で慶長15年（1610）生まれの定政は6歳年上の家光に小姓として召し出され、側近く仕える。小姓組頭などを経て、慶安2年（1649）に刈谷2万石を与えられた。

ところが、定政の人生を大きく変える出来事が翌々年に起きる。取り立ててくれた家光が死去したのである。

この時代、主君が死去すると、生前に恩寵を受けた家臣が跡を追って自害する殉死の慣習があった。殉死する場合は生前に主君の許可を得る必要があった。殉死でなくても剃髪、つまり出家して俗世を去ることも広く行なわれた。出家する場合も、事前に幕府に届け出て許可を得なければならなかった。

定政は主君家光の死を受け、7月10日に剃髪している。それは藩主の座を退いて隠居することを意味したが、幕府が問題視したのは無届けの出家だったことだ。

隠居にせよ、家督相続にせよ、幕府の許可を得ることが大名は義務付けられていた。その原則を無視した行動は改易の対象となる。

所領没収は避けられなかったが、それが定政の目的であった。所領2万石を返上して旗本の救済に充てて欲しいと幕府に願い出たのである。当時旗本が困窮していたことが白日のもとに晒された格好だった。定政は時の幕閣を批判する上書《じょうしょ》も提出する。そして、江戸市中を托鉢して回った。

托鉢とは僧侶が手に鉢を持って家を回り、米銭の施しを求めることである。自分が無一文となったことをアピールし、返上した2万石を救済費に回すよう督促したのだろう。この奇抜な行動にしても、困窮した旗本を救済しようとしない幕府への批判だった。

## もう一つの慶安事件

しかし、あたかも当て付けのような定政の行動は、幕府を強く刺激する。家康の甥にあたる大名が幕政を公然と批判したことは、到底看過できなかった。

幕府は定政の行状を狂気の仕業として、約1週間後の同18日に改易の処分を下す。乱心者と断じることで所領を没収し、その身柄を兄の伊予松山藩主・松平定行《さだゆき》のもとに預けた。

折しも将軍不在という不安定な時期であったことから、幕府は大名の動向には神経質になっていた。そうしたなか、奇抜な行動で幕政を批判した定政は、速やかに粛清する必要があった。

呼応する形で幕府を批判する大名が次々と現れてしまえば、容易ならぬ事態に陥る。まだ幕府の礎が固まったとは言い難い時勢である上に、将軍が不在の時期でもあった。ただ、定政は家康の甥でもあり、外様大名のように容赦なく改易することは難しかった。

よって、幕府は乱心者と認定することで定政の批判を無視するスタンスを取った。そして改易に処したが、その直後の23日に由井正雪による幕府転覆計画が露見する。26日に正雪が駿府で自害することで、その計画は未遂に終わったが、生活に苦しむ者たちを救済しようとしない幕府への抗議という点で二つの事件は共通していた。

幕府は慶安事件を契機に、生活苦に苦しむ浪人を数多く出していた大名の改易に慎重な姿勢を取るようになるが、定政の批判も困窮する旗本の救済を幕府に検討させるきっかけになったことだろう。もう一つの慶安事件だったのである。

# 22 幕政参加が叶わないなら…幕府に盾突いた最後のお殿様

## 父と同じく幕政参加を望んで領内で重税

幕末を除き、幕府を公然と批判する大名はほとんどいなかった。改易を覚悟する必要があったからだが、大名の方にしても幕府に揚げ足を取られないよう言動には細心の注意を払っている。

幕府の基盤が安定すると、卓越した軍事力で大名をねじ伏せる従来のスタンスは変更される。武断政治と呼ばれる強圧的な政治から、法律や制度を通じて服従させる文治政治に移行した。

そのはじまりは4代将軍家綱の時代に求められるが、そんな泰平の世の魁《さきがけ》となった時代に、公然と幕府に楯突いて改易された譜代大名がいた。下総佐倉藩主の堀田正信《ほったまさのぶ》である。

父の正盛《まさもり》は4歳年上にあたる家光の側近として重用され、若年寄そして老中として幕閣の中心にいた。寛永19年（1642）には佐倉11万石の大名に取り立てられている。正盛の屋敷をしばしば訪問するなど、家光の信頼はたいへん厚かった。

慶安4年（1651）4月に家光が病死すると、その恩寵に報いるため殉死した。同じく老中に取り立てられた岩槻《いわつき》藩主の阿部重次《あべしげつぐ》も、家光の跡を追って殉死している。

正盛の殉死により、長男正信が家督を相続して佐倉藩主となる。この時、まだ21歳であった正信は父のように幕政に参加することを強く望んでいた。

そのため、軍事力の強化や家臣の数を増やすことに力を入れたが、それには歳入のアップが不可欠である。正信は領民から徴収する年貢を増やすが、当然ながら領民は疲弊する。その反発は避けられなかった。

重税にあえぐ領民たちの窮状を訴えるため立ち上がったのが、公津村《こうづむら》の名主惣五郎《そうごろう》だった。いわゆる佐倉惣五郎である。

惣五郎は領民の代表として藩に年貢減免を訴えるが、聞き届けられなかった。よって、佐倉藩の苛政を幕府に訴えるため、将軍家綱への直訴を敢行する。承応2年（1653）

8月のことであった。直訴の効果もあって佐倉藩の年貢は減免されるが、惣五郎は罪を問われて処刑されたと伝えられる。

## 自分を登用しない幕府を糾弾

しかし、領内に重税を課すなどして佐倉藩の軍事力強化を目指した正信であったが、切望する幕府の役職には就けなかった。父のように幕政参加を強く望んでいた正信は我慢し切れず、自分を登用しようとしない幕府を糾弾する政治行動に走る。

藩主となってから9年目にあたる万治3年（1660）に、正信は幕政批判の上書《じょうしょ》を提出している。自分の所領を返上するので、これをもって困窮する旗本を救うよう求めたのである。

惣五郎を題材にした歌舞伎の主人公・浅倉当吾（『桜荘子後日文談（部分）』東京都立図書館所蔵）

旗本を救済しようとしない幕閣を批判したわけだが、かつて三河刈谷《かりや》藩主の松平定政が取った行動と同じだった。参考にしたことは想像に難くない。もとより、改易は覚悟していただろう。

さらには、幕府に無断で佐倉に帰国してしまう。参勤交代制により、大名は国元と江戸で1年ずつ生活することになっており、幕府の許可を得ずに江戸に参勤したり、帰国することは禁じられていた。それだけでも改易の対象であった。

幕府に断りなく帰国するという前代未聞の事態を受けて幕閣は対応を協議するが、定政の時の対応が参考されたようであり、その行状を狂気の仕業と糾弾し、改易に処した。身柄は弟で信濃飯田藩脇坂家に養子に入っていた安政に預けられた。後に若狭小浜藩に移されたが、正信はおとなしくしていなかった。

延宝5年（1677）に配所を抜け出して京都の石清水八幡宮に向かい、跡継ぎのいなかった家綱の継嗣誕生を祈願するが、これが発覚してしまう。小浜藩主・酒井忠直《ただなお》は管理不行届で処罰され、正信は徳島藩に預けられることになった。

同8年（1680）5月に家綱が死去すると、その跡を追うように配所先で自害した。父に倣って、当代将軍に殉死した形である。

これを最後に、幕政批判の廉《かど》で改易される事例はみられない。幕府が正信を赦免することはなかったわけだが、再発を防ぐ目的もあったのだろう。幕政を批判すればこうなることを諸大名に知らしめるための「見せしめ」にされたのである。

第四章

# 戦争を起こして大名廃業

## ――幕府への反乱――

## 第四章　戦争を起こして大名廃業《総説》

戦争も、大名が改易される理由となる場合があった。その象徴的な事例は大坂の陣だろう。幕府が豊臣家を滅ぼした戦争だが、改易の理由となった戦争は必ずしも幕府相手のものとは限らなかった。

領内の反乱を鎮圧できなかったため、責任を問われて改易された事例もある。島原の乱はその典型的な事例であった。

島原の乱以降は、国内で戦争が起きなくなる。泰平の世に入ったため、戦争を理由にした改易もなくなるが、改易を契機に戦争寸前の事態に陥る事例は少なくなかった。

改易となると、幕府は城と領地を接収するため近隣諸藩に出兵を命じたが、改易された藩側が城の明け渡しを拒否すれば、開戦の事態に陥る。明け渡しを拒否して籠城、要するに徹底抗戦を唱える家臣が現れるのは珍しくなかったが、実際に戦争となった事例はない。幕府の命に従い、粛々と城を明け渡すのがお決まりのパターンとなっている。

まさに無血開城だ。そこには御家再興を果たしたい家臣団の意図が秘められていた。その可能性を消さないため、明け渡しの幕命に応じるのである。

泰平の世に入ると戦争はなくなるが、領民が領主に対して一揆を起こすことは続いた。百姓一揆では農民たちは武器を持たないのが原則であるため、武器を持ったどうしの戦争の範疇には入らないかもしれないが、領主による鎮圧の過程で死傷者が出るのは避けられなかった。百姓一揆を理由に改易された大名もいたが、それは統治能力が問題視されたからであった。

幕末に入ると、事情が一変する。幕府権威の失墜を受けて、幕府に戦争を挑んでくる藩が現れる。薩摩藩や長州藩などは武力による倒幕（討幕）を目指し、これを実現したことはよく知られているだろう。

幕府が消滅した後に起きた戊辰戦争では、攻守所《こうしゅところ》を変えて徳川家が改易の危機に陥るが、江戸無血開城により徳川家は辛くも大名として存続することを許された。しかし、明治政府に抵抗したことを理由に減封された大名は少なくなく、改易された大名までいた。

本章では戦争を理由に改易された大名を取り上げる。

# 23 リストラ組がチャンスを求めて結集 改易から読み解く大坂の陣

## 豊臣方に集まった大量の改易組

慶長8年（1603）の江戸開府までは、豊臣秀吉そして遺児の秀頼が天下人であった。だが、秀吉の死後に家康が関ヶ原合戦に勝利する。その後、武家の棟梁たる征夷大将軍に任命されたことで、秀頼に代わって天下人の座に就く。

秀頼は天下人の地位を失う。豊臣家に臣従していた諸大名は家康つまり徳川家に臣従することになった。

だが、豊臣家だけは臣下の礼を取ろうとはしなかったため、同19年（1614）7月、家康はいわゆる方広寺《ほうこうじ》鐘銘《しょうめい》事件を起こす。秀頼が再建した京都の方広寺大仏殿の鐘銘に家康が難癖を付けたのだ。

この事件を機に、幕府と豊臣家は手切れとなる。10月1日、家康は大坂攻めを決意し、諸大名に出陣を命じた。大坂冬の陣のはじまりである。

一方、豊臣恩顧の諸大名が大坂城に馳せ参じてくることを期待した豊臣家だったが、誰一人味方に付かなかった。そのため、幕府（徳川家）によって改易された大名とその家臣たちに期待するしかなかった。要するに、改易により大量に生まれた浪人を召し抱えることで戦備を整えたのであり、幕府からすると、みずから蒔いた種でもあった。

豊臣秀頼像《模本》

豊臣家の招きに応じた元大名の浪人には土佐の国主だった長宗我部《ちょうそかべ》盛親《もりちか》、上田城の戦いで徳川勢に煮え湯を呑ませた真田《さなだ》信繁《のぶしげ》たちがいた。盛親や信繁など、関ヶ原の戦いで家康と敵対したため改易された大名とその家臣が入城し、幕府との戦いに勝利することで御家再興を夢見た。

豊臣家は天下の堅城大坂城に籠城することで活路を見出そうとする。11月19日から本格的な戦闘がはじまるが、総じて大坂城の守りは鉄壁であり、攻城戦は苦戦を強いられた。

ところが、12月に入ると豊臣家の方から和睦を打診してくる。大名が一人も豊臣家に馳せ参じなかったため、籠城戦の継続に不安を感じたのだろう。そもそも、籠城戦は援軍が駆け付けることを前提とした戦術だった。

12月19日、次の三つの条件のもと和睦が成立する。大坂城の二の丸と三の丸の堀を埋めること。豊臣方の織田有楽《うらく》と大野《おおの》治長《はるなが》が人質を出すこと。秀頼の家臣と浪人衆は処罰しないことの三つである。幕府軍が豊臣方の制止を振り切って二の丸の堀を埋めたという俗説は事実ではない。豊臣家も受け入れていたことだった。

なお、豊臣方は和睦交渉の過程で、大坂城に籠った浪人たちへの加増に必要な所領を与えてほしいと申し出ているが、家康に一蹴される。改易により生計の途を失った浪人たちの生活支援を求めたと言えなくもない。

## 和睦に不満を抱く浪人たち

幕府軍による堀の埋立は順調に進んだ。翌20年（１６１５）1月19日にはほぼ完了するが、大坂城に籠った浪人衆は和睦に不満であった。３月に入ると、埋められた堀を掘り返し、城壁を修理し、兵糧を城内に入れて戦備を整えはじめる。抗戦の意思を明確に示した。

よって、家康は秀頼が大坂城を退去して大和か伊勢に移るか、あるいは浪人衆を召し放つかのいずれかを選択するよう豊臣家に求めた。さもなくば再戦も辞さないというわけだったが、両案とも拒否されたことで大坂夏の陣が時間の問題となる。

和睦の際に、二の丸・三の丸の堀が埋められた大坂城は裸城同然で、もはや籠城戦は無理だった。兵力に劣る豊臣家は不利な野外決戦に追い込まれ、5月7日に大坂城は落城。8日には秀頼や淀殿が自害した。

ここに豊臣家は滅亡した。幕府との戦争で改易された最初で最後の大名となる。

幕府による戦後処理は改易だけにとどまらなかった。秀頼には二人の子どもがいたが、当時8歳の国松は京都の六条河原で処刑された。娘は尼として鎌倉の東慶寺に入っている。豊臣家を根絶やしにしたのである。

大坂落城の混乱に乗じて逃亡した豊臣家家臣や浪人たちも次々と捕らえられ、処刑された。長宗我部盛親などはその代表格だった。

そして、幕府は豊臣家滅亡を契機に武家諸法度を発布する。違反した大名は容赦なく改易に処していくのであった。

# 24 島原藩から援軍要請が出るも改易を恐れて兵を出せない近隣諸藩

## 島原の乱の本当の原因

大坂の陣から約20年後に起きた島原の乱は、キリスト教弾圧との関連で取り上げられるのが定番である。その反発から島原の乱が勃発したという筋立てだが、実際は肥前島原藩主松倉家や同唐津《からつ》藩主・寺沢家による苛政が根本的な原因だった。

元和2年（1616）に大和五条から国替えとなった松倉家は島原城を新たに築城する。それには莫大な費用を要した。そのため、4万石の収穫高しかないにもかかわらず、検地によって10万石（後に13万石弱）の収穫が可能と見積もり、年貢を厳しく取り立てる。新たな税も賦課した。よって、領民の間には藩主・松倉勝家への不満が充満する。

また、島原藩ではキリスト教の信仰を捨てることも強く求めていた。領民は表向き棄教したが、潜伏キリシタンとして密かに信仰を続けた。

そうしたなか、当時デウスの再誕と噂された天草四郎こと益田四郎時貞《ときさだ》が海を隔てた天草で様々な奇跡を起こしているとの噂が、島原の潜伏キリシタンの間で広まる。四郎は関ヶ原の戦いで改易された小西行長の遺臣・益田甚兵衛の子だ。その噂がきっかけとなって、潜伏キリシタンたちはキリスト教徒であることを公然と表明する。

島原藩はその弾圧をはかったが、これが逆効果となる。松倉家の苛斂《かれん》誅求《ちゅうきゅう》に苦しんできた領民たちが一斉に立ち上がったのだ。

代官・林兵左衛門《はやしひょうざえもん》を殺害して蜂起したのは、寛永14年（1637）10月25日のことであった。鉄砲や弓・刀などで武装して島原城を攻めた後、12月1日には廃城となっていた原城に籠城することを決める。一揆勢はゆうに2万を超えていた。

一方、天草でも唐津藩主・寺沢堅高《かたたか》による苛政に領民が苦しんでいた。かつての領主小西家時代と比較すると約2倍の年貢を徴収したため、領民たちの不満は爆発寸前となっていた。

そうした折、島原で同じく苛政に苦しむ領民が蜂起したことが呼び水となり、天草でも潜伏キリシタンがキリスト教徒であることを表明して蜂起した。そして、天草四郎を奉じて海を渡り、合流する形で原城に入ったのである。

## 改易を恐れて兵を出せない近隣諸藩

島原藩では折悪しく、藩主の勝家が江戸にいた。よって、家老が一揆の勃発を豊後府内に在駐していた幕府の目付に報告している。

当時、豊後には元和9年（1623）に隠居を命じられて流罪に処せられた松平忠直《ただなお》がいた。幕府はその動向を監視するため、目付を豊後に在駐させていた。

総勢2万を超えた一揆の勢いからみて、自力では到底鎮圧できないと考えた島原藩は隣藩の佐賀藩鍋島家や熊本藩細川家に援軍を求めた。だが、両藩はその要請に応えることができなかった。2年前の寛永12年（1635）6月21日に発布された武家諸法度の第4条目で、幕府の指示なく他領に兵を出すことが禁じられたからである。幕府の指示なく兵を送れば、武家諸法度違反の廉《かど》で厳罰つまり改易は免れないところだった。

よって、両藩はその旨を島原藩に伝えるとともに、豊後在駐の目付に指示を仰いだ。武家諸法度を遵守する姿勢を示したことで、将軍家光はこれをたいへん喜んだと伝えられる。

だが、幕府の指示が届くまで援軍が得られなかったことで、一揆勢はさらに膨れ上がってしまう。天草の一揆勢の合流も許し、鎮圧に多大な時間を要する結果を招いた。幕府が派遣した上使・板倉重昌《しげまさ》の戦死をはじめ、幕府側の損害も大きかった。

一揆勢の立て籠もる原城（『島原城攻撃図』東京国立博物館所蔵／出典：ColBase）

幕府が九州諸藩から動員した総勢12万余の大軍をもって、原城に籠った一揆勢を鎮圧したのは同15年（1638）2月28日のことである。

島原の乱は鎮圧されたが、島原藩が自力で鎮圧できなかった責任は当然問われた。4月12日に松倉家は改易され、勝家の身柄は美作津山藩主・森長継《ながつぐ》に預けられたが、それで終わりではなかった。

幕府から反乱の原因となっ

た苛政が糾弾された結果、7月19日に斬首の刑に処されたのである。江戸時代に改易されれた大名のなかで、唯一斬首された大名となった。武士の名誉を保つ切腹も許されなかったことから、いかに幕府にとって許し難い事件であったかがわかる。天草の領主であった寺沢堅高も天草領4万石を没収されたが、唐津藩は減封の処分にとどまった。

島原の乱を鎮圧した幕府は松倉家を改易、寺沢家を減封することでその責任を取らせたが、鎮圧が長期化した原因は幕府自身にもあった。近隣諸藩が武家諸法度に縛られて島原藩の援軍要請に応じられず、一揆の拡大を許したからである。

よって、幕府は鎮圧から約2カ月後の5月2日に、今回の島原の乱のような領主への反乱などの場合は、幕府の指示がなくても援軍の派遣を認める旨を示した。それは寛永12年（1635）の武家諸法度第4条目の改訂に他ならなかった。

# 25 戦を止めようとしたはずが…抗争に巻き込まれた悲運のお殿様

## 激化する水戸藩の藩内抗争

江戸後期に入ると、減封や懲罰としての国替えはともかく、大名が改易される事例はほとんどなかった。幕府が大名側に配慮したわけだが、それだけ幕府の力が衰えていたとも言える。

だが、幕府消滅の3年前に水戸藩で起きた天狗党《てんぐとう》の乱は、弱体化した幕府でさえも改易を決断するほどの大事件だった。

水戸藩は幕府を支える親藩大名でありながら尊王攘夷を藩是としたため、幕末に入ると、その政治的立場は微妙なものとなる。欧米列強との戦争を回避したい幕府は、水戸藩の唱える攘夷実行には消極的だったからだ。水戸藩は攘夷を望む朝廷の意向を振りかざすことで幕政の主導権を握ろうとするが、朝廷を利用する政治手法を危険視した幕府から猛烈なしっぺ返しを受ける。

大老・井伊直弼による安政の大獄である。前藩主・徳川斉昭《なりあき》は国元での永蟄居《えいちっきょ》、家老の安島帯刀《あじまたてわき》は切腹を命じられるなどの厳罰を科されたが、その反動は井伊の身に降りかかることになる。

江戸城に登城する途中、脱藩した水戸藩士たちの襲撃を受けて落命した。安政７年（１８６０）３月に起きた桜田門外の変である。

その後も、水戸藩は尊王攘夷を藩是とした。なかには斉昭の遺志を継いで、「尊王攘夷のためには幕府との対決も辞さない」という藩士も少なからずいたが、藩内には幕府との融和を望む藩士も多かった。よって、両派は激しく対立する。

こうした藩内抗争の種は、斉昭が藩主だった時代に蒔かれていた。藩主時代の斉昭は天保改革と称される藩政改革を断行したが、その際には下級藩士を大いに抜擢する。だが、改革に批判的な藩士は、斉昭の信任を受けて手腕を発揮する藩士を「天狗」と呼んだ。改革派には下級藩士が多かったため、成りあがりの者の藩士が斉昭の寵を受けて天狗になり威張っていると揶揄したのだ。

天狗党の乱を描いた錦絵（『近世史略 武田耕雲斎筑波山之図』）

藩内には攘夷実行や幕府との関係をめぐって様々な意見があったが、そうしたなか藩内で戦争が勃発する。元治元年（1864）に起きた天狗党の乱である。

3月27日、天狗と呼ばれた藤田小四郎たち尊攘派の藩士は、幕府に攘夷実行を促すため筑波山《つくばさん》で挙兵する。まずは、攘夷祈願のため徳川家の聖地日光東照宮に向かい、日光から天下に向けて攘夷実行を呼びかけようとはかる。同じく攘夷実行で政局の主導権を握ろうとする長州藩が背後にいた。軍資金も出ていたという。

幕府は天狗党の挙兵を受けて、北関東の諸藩に鎮圧を命じた。この鎮圧軍に、天狗党に反発する藩士が加わったため、水戸藩は内戦状態に陥る。戦場は水戸藩領以外の常陸や下野《しもつけ》にも広がり、北関東は半年以上にわたって騒然とした状況が続いた。

## 戦争に巻き込まれた悲劇の宍戸藩主

8月4日、藩内が騒乱状態に陥った水戸藩主・徳川慶篤《よしあつ》は鎮撫のため、自分の名代として一門の宍戸《ししど》藩主・松平頼徳《よりのり》を現地に向かわせた。宍戸藩は水戸藩の支藩の一つで1万石の小藩だった。

水戸藩領に入った頼徳勢には藩士や民衆が合流したが、諸生《しょせい》党と呼ばれた反天狗党が占拠する水戸城には入れなかった。頼徳勢には、尊攘派の藩士が多数加わっていたからである。敵の天狗党と同一視されたのだ。

止むなく、頼徳勢は近くの那珂湊《なかみなと》に布陣したが、筑波山に籠っていた天狗党が加勢する流れになってしまう。頼徳勢は不本意にも幕府や水戸藩諸生党との戦争に巻き込まれて戦火を交えるが、これが命取りとなった。

事態を憂慮する頼徳は弁明のため幕府軍に投降するが、幕府は許さなかった。10月5日、頼徳は切腹を命じられ、宍戸藩は改易された。

なお、那珂湊に集結していた天狗党は、同23日の戦いで幕府が派遣した追討軍や諸生党に敗れる。その後、常陸大子《ひたちだいご》まで敗走した天狗党は、慶篤の実弟で京都にいた一橋慶喜を頼って上京することを決めるが、その途中の越前新保《えちぜんしんぼ》で幕府から追討の命を受けた加賀藩に降伏する。12月20日のことだが、降伏した天狗党はことごとく厳罰に処せられた。

これが、江戸時代を通じて大名が改易された最後の事例だ。間もなく幕府が消滅すると、戊辰戦争では幕府を率いた徳川家が逆に改易の危機に瀕するのである。

# 26 改易と御家再興を同時に許可 新政府による大名廃業の意図

## 奥羽越列藩同盟の崩壊と東北平定

幕府は大名統制の切り札である改易をちらつかせることで大名を臣従させてきたが、その手法は幕府が強大な権力を維持しているからこそ可能であった。幕府の力が衰えた幕末に入ると、改易はもちろんのこと、大名に莫大な負担を強いる国替えもほとんどできなくなる。

さらに、外様大名を中心に公然と幕府に対抗しはじめる。ついには武力で幕府を倒す動きまで露わとなり、大政奉還（幕府消滅）を経て日本は内乱状態に陥った。戊辰戦争である。

慶応4年（1868）正月3日に勃発した鳥羽・伏見の戦いで、戊辰戦争の火蓋は切られた。最後の将軍となった徳川慶喜は天皇を奉じる薩摩・長州藩に敗れ、朝敵に転落する。その後、徳川家は両藩を主軸とする明治新政府に帰順したが、東北・越後諸藩31藩は奥羽越列藩同盟を結成し、抗戦の姿勢を明確にする。

会津藩主の松平容保（左）と請西藩主の林忠崇（ただたか）（右）。御家再興まで1年近くを有した

しかし、列藩同盟は足並みの悪さも相まって降伏する藩が相次ぐ。9月22日には盟主とも言うべき会津藩も降伏し、列藩同盟は崩壊した。

東北は新政府に平定されたが、戊辰戦争はまだ終わっていなかった。明治2年（1869）の箱館五稜郭の戦いまで続くが、新政府は東北平定をもって戊辰戦争に区切りがついたと判断し、東北・越後諸藩の処分に着手する。

## 事実上の減封処分にとどまった理由

慶応4年改め明治元年12月7日、皇居となっていた旧江戸城の大広間に、新政府に抗戦した東北・越後諸藩などの藩主や重臣が呼び出され、25藩で総計103万石を没収する処分が発表された。改易（御家断絶）あるいは減封の処分が下ったのである。

だが、改易といっても御家再興が同時に許され、新知という形で所領が与えられた事例がほとんどであった。実際は減封処分にとどまる。藩主は責任を取る形で隠居を命じられたが、血縁者による相続が認められている。

同盟諸藩で最大の石高62万石を誇った仙台藩は所領と仙台城が没収されたが、同時に御家再興が許され、新知として28万石が与えられた。仙台城も返された。差し引き34万石の減封処分であり、藩主・伊達慶邦《よしくに》の実子亀三郎（宗基《むねもと》）が相続を許されている。家老・河井継之助の活躍で新政府軍を大いに苦しめた越後長岡藩にも改易処分が下るが、同時に御家再興が許されて旧領7万4000石のうち2万4000石が与えられる。5万石の減封処分だった。長岡城も返還され、前藩主・牧野忠恭《ただゆき》の子鋭橘《えいきつ》（忠毅《ただかつ》）の相続が許された。

改易と当時に御家再興を認めることで実際は減封処分にとどめる事例は、江戸幕府による改易でもみられた。貞享3年（1686）閏3月、幕府は福井藩主・松平綱昌《つなまさ》の所領50万石を没収して改易としたが、同時に御家再興を認めて前藩主の昌親《まさちか》（吉品《よしのり》）に新知として25万石を与えた。差し引き25万石の減封処分となったことはすでに述べたところである。

幕府としては改易にまさる大名統制の手段はなかったが、浪人の数が増加して社会不安が増すことは大いに危惧するところであった。すなわち、改易即御家再興、ただし減封というパターンは、そうした危惧の念から編み出された手法だった。御家再興を即座に許可することで、幕府の懐の深さを感得させたい狙いも秘められていたのではないか。明治新政府は戊辰戦争の戦後処理でこうした先例を適用することにより、極力浪人の数を増やさず、そして抗戦した大名を帰順させようと目論んだのだろう。

なお、改易された大名のなかで即御家再興とはならなかった大名が二人いた。会津藩松平家と上総請西《じょうざい》藩林家である。会津藩が御家再興を許されるのは同2年（1869）9月28日のことである。11月には、旧盛岡藩領の下北半島で3万石が与えられて斗南《となみ》藩として生まれ変わるが、その前途は多難だった。林家も後に家名の再興が許されたが、大名として復活することはできなかった。

だが、御家再興を果たした大名にしても存続できたのは3年にも満たなかった。明治4年（1871）7月に廃藩置県が断行され、すべての大名が消滅したからである。

第五章

# 強制隠居で大名廃業

——改易の一歩手前——

# 第五章　強制隠居で大名廃業《総説》

改易には至らずとも藩主の座から引きずり降ろされることで、大名を事実上廃業させられる事例は少なくなかった。幕府あるいは家臣たちの総意により、隠居に追い込まれるのである。

江戸時代、全国各地で君臨した諸大名は世襲の身分だが、家督相続には将軍の許可が必要なため、幕府に人事権を握られた格好だった。しかし、家督相続が認められ、ひとたび藩主として認定されれば、不行跡がない限りその地位は保証された。

藩主には今で言う定年はなかったため、現役の藩主として君臨し続ける大名は多かった。生涯現役も可能だが、家督を譲って隠居する場合は、幕府の許可が必要だった。

その時期は当人の意思に任せられた。みずから出処進退を決められたが、幕府や家臣から藩主としての資質を疑問視された場合は別である。人事権を持つ幕府主導で隠居させることもあれば、家臣たる藩士たちが主導することもあった。

幕府主導の場合は天からの声のようなもので、鶴の一声が下ってしまうと藩としては幕命に従うしかなかった。ただし、隠居の命令は家督相続が前提となっている以上、御家存続は認められたことを暗に意味した。

江戸初期では、藩主の資質を問題視した場合は藩に配慮せず、一気に改易処分を下すことが多かった。だが、容赦ない改易により社会不安が起きて幕府の基盤が揺らぐのを危惧した結果、改易を極力防ぐ方針に転換したことは、先に述べたとおりである。同様の方針のもと、改易一歩手前の処置として隠居を位置付けたのだろう。藩側も幕府の心証をこれ以上害しないよう、御家存続のため細心の注意を払っている。

藩士主導の場合は御家存続の決定権を持つ幕府に根回しした上で、藩の重臣たちが主君たる藩主を隠居に追い込むのが定番だった。藩主の立場からすると叛逆《はんぎゃく》、要するに謀反に他ならなかった。

下剋上である以上、こうした行為は本来許されるべきものではない。当時は主君に対する忠誠が絶対とされた時代である。だが、藩主の不行跡を放置すれば改易の断を下さざるを得ない事情を鑑み、幕府も暗黙の了解を与えた。

本章では事実上の大名廃業を意味する強制隠居に追い込まれた事例を取り上げる。

# 27 対立が深まり刃傷事件に伊達家の御家騒動の顛末

## 処分を恐れた縁戚大名から隠居を求められる

歌舞伎の題材（「伽羅先代萩《めいぼくせんだいはぎ》」）にもなったことで今なお広く知られる仙台藩の御家騒動は、藩主が隠居に追い込まれたことがすべてのはじまりだった。隠居までの経緯を追ってみる。

仙台藩伊達家は、東北の戦国大名のシンボル・伊達政宗が藩祖である。天正12年（1584）に18歳で伊達家の家督を継いだ政宗は、その後わずか数年で近隣の大名を切り従え、一時は東北地方のほぼ南半分を制覇する。

だが、天下統一を進める秀吉の前に膝を屈した。江戸開府後は家康に臣従し、有力外様大名の一人となる。

仙台藩は石高では加賀藩前田家、薩摩藩島津家に次ぐ62万石の大藩だったが、寛永13年（1636）に政宗が死去すると、次男忠宗《ただむね》が跡を継ぐ。政宗が創業、忠宗が守成《しゅせい》の役割を担ったが、明暦の大火の翌年にあたる万治元年（1658）に忠宗が死去すると、仙台藩は俄《にわ》かに風雲急を告げる。

◉伊達騒動関連系図

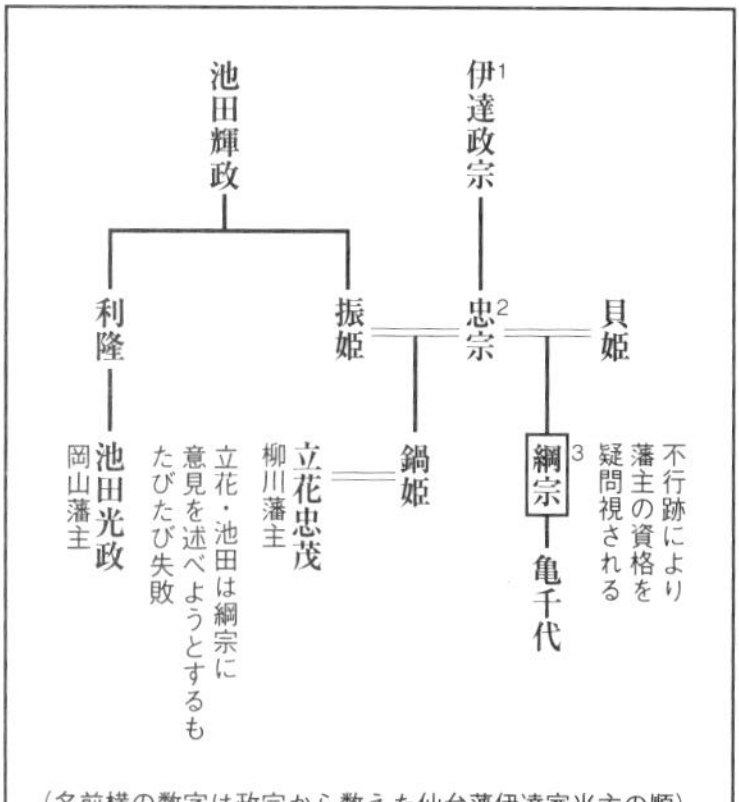

（名前横の数字は政宗から数えた仙台藩伊達家当主の順）

3代目藩主となったのは忠宗の六男綱宗《つなむね》だが、まだ19歳であった。若気の至りか、酒色に溺れる。その所行により、仙台藩は存続の危機に瀕する。

同3年（1660）3月、綱宗が江戸に出府すると、遊郭吉原への頻繁な出入りが世間に知れ渡り、物議を醸したのだ。将軍のお膝元での御乱行は、幕府の忌諱《きい》に触れるところだった。

これに危機感を抱いたのが、同じ外様大名の筑後柳川《やながわ》藩主・立花忠茂《たちばなただしげ》である。忠茂は綱宗の父忠宗の娘を正室に迎えており、義兄弟の関係にあった。

このまま綱宗の不行跡を放置していれば、幕府からの厳しい処分は避けられなかった。最悪の場合、改易の処分を受けるかもしれない。幕府の処分は伊達家にとどまらず、縁戚関係の立花家にも監督不行き届きとして累が及びかねない。

忠茂は綱宗に意見するため江戸藩邸を訪れたが、面会できなかった。家老を呼び出したが、やってこなかった。困り果てた忠茂は、自分と同じく伊達家と縁戚関係にあった岡山藩主・池田光政に相談する。光政も綱宗の不行跡を問題視し、老中・酒井忠清《ただきよ》に内々に知らせることを決める。

伊達家の一門や重臣たちは、綱宗の所行が幕府の耳に入ったことで、厳しい処分が下るのを恐れるようになる。つまりは改易から逃れるため、隠居という形で綱宗に責任を取らせて伊達家の安泰をはかることを決める。縁戚大名たちの意向にも沿うものであった。

縁戚大名からのプレッシャーは伊達家として無視できなかったわけだが、その背後には幕府を代表する酒井の意向もあった。幕府としては、外様大名のトップクラス仙台藩の改易が与える影響の深刻さを踏まえ、藩主の隠居で手打ちにしようとしたのである。すでに幕府が大名の改易を極力防ぐ方針に転換していたことも、大きかったはずだ。

伊達騒動を題材にした歌舞伎「伽羅先代萩」の一場面。歌舞伎は、伊達家大奥での政争を主軸に展開される。右上の「鶴千代」のモデルが、綱宗の子の亀千代（『古代江戸絵集』国会図書館所蔵）

7月、伊達家一門や重臣たちは連名で綱宗の隠居、そして嫡男亀千代《かめちよ》への家督相続を願い出る。この時、亀千代はわずか2歳だったが、翌8月に幕府は家督相続を認める。亀千代は藩主の座に就き、伊達家は改易を免れた。

## 幕府による決裁中に事件発生

しかし、幼君では家中を統制できるはずもなかった。仙台藩が大勢の家臣を抱える大藩だったことがマイナスに働いたのである。

幼君亀千代のもと、伊達家の家中は混乱が続いた。家臣団にも大きな亀裂が入る。ついには藩内の対立を自力では収拾できなくなり、幕府の裁決を仰ぐ事態にまで発展する。

寛文11年（1671）3月27日、この頃は大老となっていた酒井忠清の屋敷で審理は行われた。ところがその最中に、重臣・原田甲斐《かい》が藩内で対立する重臣・伊達安芸《あき》たちに、刃傷に及んでしまう。最悪の事態だった。

さすがに、幕府は今回の刃傷事件を不問に付すことはできず、藩主亀千代の後見役を務める一門の伊達兵部《ひょうぶ》たち関係者を処罰したが、亀千代は幼少であることを理由に御咎めなしとした。伊達家は改易されても仕方のない御家騒動を引き起こしたものの、減封も国替えもなかった。

前藩主・伊達綱宗の隠居の時と同じく、幕府は仙台藩の改易が与える影響の深刻さを踏まえ、藩主は御咎めなしとし、極力伊達家に傷が付かないようにしたのである。幕府による高度な政治判断のもと、仙台藩は改易処分を再び逃れることができた。

# 28 将軍吉宗に刃向かって死後も許されなかった御三家筆頭

## 幕府の忌諱に触れた宗春の政策

江戸初期や幕末を除き、幕府に公然と楯突く大名はほとんどいなかったが、幕政に正面切って異を唱える大名が現れれば改易をもって応じたことは、刈谷《かりや》藩主・松平定政《さだまさ》などの事例でみたとおりである。当時は幕府転覆をはかった慶安事件も起きていた時期で、幕府の基盤は盤石とは言い切れない時代だった。

その後、幕府は安定期に入り、国内は泰平の世となった。それに伴い、楯突く大名も現れなくなるが、8代将軍吉宗の時に、幕府の政策に公然と異を唱える大名が出てくる。三百諸侯の筆頭で徳川御三家筆頭でもあった尾張藩主の徳川宗春《むねはる》であった。

吉宗より12歳年下にあたる宗春は、尾張藩主・徳川綱誠《つななり》の二十男に生まれた。藩主の座に就くどころか、部屋住みの立場として世に出ることは叶わない身の上のはずだったが、運良く、享保14年（1729）に尾張藩連枝《れんし》（分家）の陸奥梁川《やながわ》藩主に迎えられる。梁川3万石の大名となったのは34歳の時である。

徳川宗春の姿を伝える絵（『ゆめのあと』）

ところが、翌15年（1730）11月に尾張藩主だった兄の継友《つぐとも》が急死したため、実家に戻り、その跡を継ぐことになった。それまでは松平通春《みちはる》という名だったが、吉宗の宗の字を賜り、ここに尾張藩の7代目藩主・徳川宗春が誕生する。

当時は、吉宗主導による享保改革の真っ最中であった。享保改革とは幕府財政が破綻寸前だったことを背景に、徹底した緊縮政策により財政難の克服を目指す政治改革であり、すでに黒字財政への転換を実現していた。

しかし、吉宗の緊縮財政により経済は沈滞化し、不況に苦しむ者が多かった。改革の裏では怨嗟の声も上がっていた。そうした不満を代表するような形で、幕府つまり吉宗とは真逆な政治を尾張藩で展開したのが宗春だった。

宗春は倹約や緊縮政策がかえって庶民を苦しめているとして、経済に刺激を与えることで賑わいを増そうと考えた。まわりまわって、庶民の生活も豊かになるというわけだ。経済活性化のため商工業の振興をはかったほか、芝居の興行や従来禁じていた遊郭の設置まで認める。その結果、尾張藩のお膝元である名古屋城下は活況を呈し、三都を凌ぐほど繁栄したと伝えられる。

## 墓石に金網が掛けられる

しかし、吉宗に当て付けるかのような一連の政策は、当然ながら幕府の忌諱《きい》に触れた。同17年（1732）9月、吉宗は尾張藩に対して詰問に及ぶ。

宗春はこれに対し、真っ向から反駁する。倹約を他人に押し付けることは君主のなすべきことではないとまで申し立てたため、宗春の処罰は避けられない状況となる。

幕府への対抗心を隠そうとしない宗春に、尾張藩の重臣たちは危惧の念を抱く。徳川御三家筆頭の大名といえども、このままではただでは済まないと危機感を抱いたのだ。重臣たちは宗春と距離を置きはじめ、藩主の座から引きずり降ろそうと画策する。

元文元年（1736）、幕府から尾張藩に派遣されていた付家老《つけがろう》の竹腰正武《たけのこしまさたけ》は江戸に在府することになった。これを好機として吉宗の側近や老中・松平乗邑《のりさと》たちと密談したと伝えられる。幕府は宗春を支える立場の重臣たちを取り込み、外堀を埋めていった。

同4年（1739）1月12日、尾張藩の重臣たちは江戸城に呼び出され、吉宗の意を受けた乗邑から、宗春の蟄居謹慎を申し渡される。翌日、宗春は隠居を命じられ、従弟の宗勝《むねかつ》が藩主の座に就く。

尾張藩は宗春の隠居を受け入れることで、御家存続を保証された形だったが、その蟄居謹慎が解かれることはなかった。名古屋城三の丸に幽閉され続けた後、城下の下屋敷に移るが、赦免されないまま明和元年（1764）に死去する。

死後も宗春は赦免されず、墓石には金網が掛けられたという。幕府が赦免したのは天保10年（1839）のことであり、没後75年が経過していた。

幕府は宗春への処分を通じて、幕政を批判すれば改易されずともこうなる、死後もなかなか赦免されないということを、諸大名に知らしめたのである。

# 29 御家断絶を回避するため お殿様を座敷牢に入れる重臣たち

## 主君を諫めるため牢に押し込める

先に取り上げた伊達騒動は、御家存続に不安を抱いた家臣たちが藩主・伊達綱宗《つなむね》を隠居させたことからはじまる。藩主の立場からするとクーデターに他ならないが、同様の事例は他藩でもみられた。

ただし、いきなり隠居に追い込むのではなく、ワンクッション置くのが通例だった。主君を座敷牢に押し込めたのである。これは、主君《しゅくん》「押込《おしこめ》」と称される行為であった。

藩主の不行跡を見かねた重臣たちが諫言してもそれを聞き入れなかった場合、座敷牢に押し込めて反省を求めたが、必ずしも押込イコール隠居ではない。ただ、藩主がこれまでの行為を反省して改心しなければ、隠居に追い込むことも辞さなかった。

家康の母於大《おだい》の方《かた》の実家水野家は老中職にも就ける譜代大名の名門だ。以下の事例は水野家が岡崎藩主だった時代の出来事である。

元文2年（1737）に岡崎藩主の座を継いだ水野忠辰《ただとき》は、当初藩政にたいへん意欲的だった。下級藩士たちを側近に登用し、家老から藩政の主導権を奪い返そうと試みる。

しかし、藩政を主導してきた家老からは猛反発を受ける。忠辰は家老たちを罷免して隠居させたが、家老たち重臣は巻き返しに出る。寛延2年（1749）正月、岡崎城内で執り行われた儀式に一同出席しなかったのである。団結して、忠辰に対する抵抗の意思を示した。

双方の対立は、忠辰が側近を解任することで重臣たちの勝利に終わる。この挫折は忠辰を変えた。一転政治には無関心となり、遊興に耽るようになった。

宝暦元年（1751）9月には生母順性院が死去した。忠辰の遊興を諫めるための自害だったという。だが、その行状は収まらなかった。

ついに、江戸藩邸で主君押込が実行される。翌10月11日のことである。その日、忠辰の前に重臣3名が進み出て、次のように申し述べた。

身持ち宜しからず、しばらくお慎み遊ばさるべし。

その直後、忠辰の大小の刀を取り上げ、目付や小姓たちをして座敷牢に閉じ込めた。目付は藩政や藩士の監察を役務とする藩士である。

幕府には忠辰が病気である旨を届け出た上で、12月には分家から迎えた忠任《ただとう》を養子に据える。その間、重臣たちは忠辰に改心を求めたものの、徒労に終わった。

翌2年（1752）3月、忠辰の隠居と忠任への家督相続が許可される。幕府も水野家の内情を知った上で許可した。

忠辰の行状を放置すれば水野家の存続も危ういという家中の危機感に理解を示した上で、重臣たち主導による家督相続を認めたのである。

一方、忠辰はその後も幽閉されたまま、同年8月にこの世を去る。享年29歳だった。

## 親戚や幕府も主君押込に協力

藩主の不行跡を見かねた家老などの重臣が主君を座敷牢に押し込める行為は、家臣団の総意というよりも、一門や重臣の合意に基づいていた。重臣たちが執行主体である。

藩主の身柄を拘束した後は、座敷牢もしくは囲いが設けられた一室に幽閉し、粘り強く諫言して改心を迫った。

ただし、一連の行為は重臣たちの独断ではない。縁戚関係にある大名や旗本も関与し、これを了承していた。幕府がまったく預かり知らぬことでもなかった。

言うまでもなく、重臣たちによる主君押込とは、藩主の廃立に繋がりかねない行為だ。いわば下剋上であり、主君の立場から言えば叛逆《はんぎゃく》。謀反である。

本来、こうした行為は許されるべきものではなかったが、藩主の不行跡を放置すれば御家存続も危ういという事情を鑑み、幕府も暗黙の了解を与えた。だからこそ、藩主への諫言は主君押込の要件となっていた。

縁戚関係の大名が了承していることも、同じく主君押込の要件とみなされた。言い換えると、縁戚の大名は連帯責任を負わされたわけである。

幕府としては、この種の問題に直接介入することを避ける傾向がみられた。表沙汰になれば、家中不取締のゆえをもって改易せざるを得なくなるかもしれない。よって、大名どうしのレベルで解決させるため、縁戚の大名が介入する形での対応を強く望んだ。

幕閣の老中にしても同じ大名であり、明日は我が身だった。

藩主がこれまでの行為を反省して改心したと判断されれば、座敷牢から出されて藩主としての務めを再開できた。これは再出勤と呼ばれた。その場合、主君押込を執行した重臣たちが最も恐れたのは藩主による報復行為である。

よって、藩主が改心した旨を家臣に誓約する行為が不可欠だった。誓詞を認めることが多かったが、その際には縁戚の大名も立ち会っただろう。

藩主導による主君押込とは、幕府が改易を回避するため暗黙の了解を与えた苦肉の策だった。

# 30
# 御家騒動沈静化のため気を使った命令を下す幕府

## 養子の藩主と重臣の対立

阿波一国を支配する徳島藩蜂須賀《はちすか》家は、秀吉の創業を助けた蜂須賀小六《ころく》の孫にあたる至鎮《よししげ》が藩祖だが、7代目藩主宗英《むねてる》の代で血統が絶えてしまう。そのため、蜂須賀家では隣藩の讃岐高松藩松平家から養子を迎えた。8代目藩主宗鎮《むねしげ》、9代目藩主至央《よしひさ》と高松藩からの養子が続くが、至央が襲封《しゅうほう》からわずか60日余で病没したことで、いよいよ御家断絶の危機に直面する。

よって、秋田藩佐竹家の分家で秋田新田藩主・佐竹義道の四男岩五郎を、末期養子として迎えたいと幕府に急遽願い出る。ここに、10代目藩主の蜂須賀重喜《しげよし》が誕生した。宝暦4年（1754）8月のことである。

当時、徳島藩はご多分に洩れず財政難に苦しんでいた。そこで、徳島藩の特産物である藍玉《あいだま》の専売による利益をもって財政を補填したが、藍玉を安く買い叩かれた農民たちの反発は大きかった。同6年（1756）閏11月には、藍玉専売制に対する大規模な百姓一揆も起きる。

一揆は何とか鎮圧できたものの、再発を恐れる藩はこれ以上専売制には頼れなくなる。よって、藩政改革により財政難の克服を目指す。そこでイニシアチブを握ろうとしたのが、藩主の重喜であった。

同9年（1759）2月、重喜は硬直化した人事システムにメスを入れる。当時の慣例では禄高に応じて就ける役職は決まっており、高禄の藩士しか家老や用人といった上級役職には就けなかった。小禄の藩士では下級役職にしか就けなかったが、小禄でも有為の藩士ならば上級役職に就けるよう改める。

改革の断行には、自分の手足となって動く藩士を重職に就けることが不可欠と考えたのである。それには、従来の人事制度にメスを入れる必要があった。

しかし、家老をはじめとする高禄の藩士たちからは猛反発を受ける。

この人事システムは蜂須賀家代々の定めであり、藩主といえども変更できない、重喜には先祖に対する崇敬の念が欠けている、養子の身である以上、先祖には一層謙虚でなくてはならないなどと反撃される。重喜は痛いところを突かれた格好だが、反対派の家臣にとってはそこが狙い目だった。

重喜はこうした藩内の反対勢力を時間をかけて排除した。その代表格であった家老たちを失脚させ、腹心を家老などの重職に就けていった。

そして明和3年（1766）より、藩政改革を断行する。倹約令の発令、藍玉仕法《しほう》の改正など改革は多岐にわたったが、その過程で多くの藩士たちを処罰して所領を取り上げた。同6年（1769）に入ると、同じく財政再建の一環として藩士たちの所領を一律に削減したが、これが命取りになったようである。

## 幕府が隠居願を認めなかった理由

改革の名のもとに断行された人事の粛清や所領のカットは、藩士たちの間に大パニックを引き起こす。藩内の動揺は幕府の知るところにもなった。

同じ明和6年（1769）の10月21日、老中・松平武元《たけちか》の意を受けた旗本二人が江戸藩邸に赴き、藩内が混乱していることについての尋問書を提示した。そして回答を求めたが、これに衝撃を受けた徳島藩では縁戚大名の高松藩にどう対処すればよいか相談している。高松藩は水戸藩の分家で幕府に近い立場であったことから、同藩を通じて幕府の意図を読み取り、その指南を仰いだのである。

徳島藩ではこのままでは藩政混乱の廉《かど》で改易の恐れがあると事態を危険視し、藩主の重喜を隠居させることで事態の収拾をはかった。先手を打って重喜に責任を取らせることで徳島藩の安泰を目指す。

重喜も隠居を願い出ることを承知したが、幕府は隠居願の提出を許さなかった。同晦日、藩政混乱の廉をもって重喜に隠居を命じた。

徳島藩は存続の危機に立たされたが、同時に嫡男千松丸《せんまつまる》への家督相続も命じられており、徳島藩の御家存続は認められた。減封も転封もされなかった。

幕府には徳島藩を改易する意思はなかったようだが、重喜に対する家臣団の反発を念頭に、自発的な隠居を認めず、あえて隠居の処断を下したのだろう。藩内の反発を鎮静化させようという意図が、この対応からは読み取れる。

この時、重喜はまだ32歳であり、人生の半分を生きただけだった。この世を去ったのは、32年後の享和元年（１８０１）のことである。

# 31 座敷牢に入れた重臣に報復して統治能力を疑われた上山藩主

## 押し込められた藩主の報復

重臣たちによって座敷牢に押し込められた藩主が、そのまま隠居に追い込まれるとは限らなかったことは、先に述べたとおりである。これまでの行為を反省して改心したと重臣たちが判断すれば、座敷牢から出て藩主としての務めを再開できた。再出勤である。

だが、再出勤後に主君押込《しゅくんおしこめ》を執行した重臣たちに報復した藩主がいた。出羽上山《かみのやま》藩松平家の4代目藩主・松平信亨《のぶつら》である。

当然ながら、主君押込を執行した側の重臣たちは、藩主による報復行為を懸念した。そのため、藩主として復帰する際には改心した旨を家臣に誓約したり、誓詞を書くのが通例だった。主君押込にあたっては縁戚大名も関与していることから、その力も借りて報復を防ごうとしただろう。だが、それでも完全には防げなかった。

宝暦11年（1761）に、信亭は父信将《のぶまさ》の死去を受けて藩主の座に就くが、上山藩もまた財政難に苦しんでいた。よって、信亭は側近の小野儀右衛門《ぎえもん》たちを藩政に参加させ、検地の強行による年貢量の増加を目指したが、農民の激しい抵抗に遭う。藩内では側近を藩政に参加させる信亭の政治手法への反発も強かった。

結局のところ、信亭は家老や用人たち重臣の総意に屈し、藩主主導の改革は失敗する。側近の小野たちを藩政から退かせることにも同意せざるを得なくなる。

挫折を味わった信亭は藩政への関心を失う。日々、遊興に明け暮れた。そんな行状が幕府の知るところになれば、藩の浮沈にもかかわりかねない。危機感を持った重臣たちは、縁戚の大名にも相談した上で、藩主の行動を制限する。主君押込の挙に出たのだろう。安永9年（1780）11月のことである。

しかし、翌天明元年（1781）11月には、信亭は縁戚の大名に幕府への根回しを依頼し、藩主としての勤めを再開している。重臣たちも信亭は改心したと判断したようだ。信亭も藩政に情熱を傾けるが、次第に復讐心を隠そうとしなくなる。

かつて自分に刃向かった重臣たちの粛清に乗り出したのである。退職に追い込み、あるいは隠居や蟄居を命じた。藩内はパニックに陥り、出奔する藩士が続出してしまう。

## 親族大名の介入で隠居に

信亨による藩内の粛清は、やがて他藩や幕府の知るところになる。このままでは、藩内混乱の廉《かど》をもって幕府から処罰される危険性が高かった。その場合、縁戚の大名にも累が及ぶ恐れがあった。

そこで動いたのが、上山藩松平家の親族・上田藩松平家である。両家は、かつて家康とは本家・分家の関係にあった松平一族（「十八松平」）の一つ・藤井松平家の流れを汲んでいた。松平本家の当主だったのが松平元康こと家康だ。家康の代に徳川に改姓したため、家康と松平一族の関係は主従関係に改められていた。

藤井松平家は松平信吉の代に、二つに分かれる。長男忠国《ただくに》が跡を継ぎ、次男忠晴《ただはる》が分家した。長男の系統がこの時は上山藩主であり、次男の系統が上田藩主を務めていた。

親類の上田藩としては、信亨の不始末が幕府から指摘される前に手を打たなければならなかった。上山藩の御家安泰のためだけではない。上田藩に累が及ぶのを防ぐためでもあった。

◉松平信亨関係図

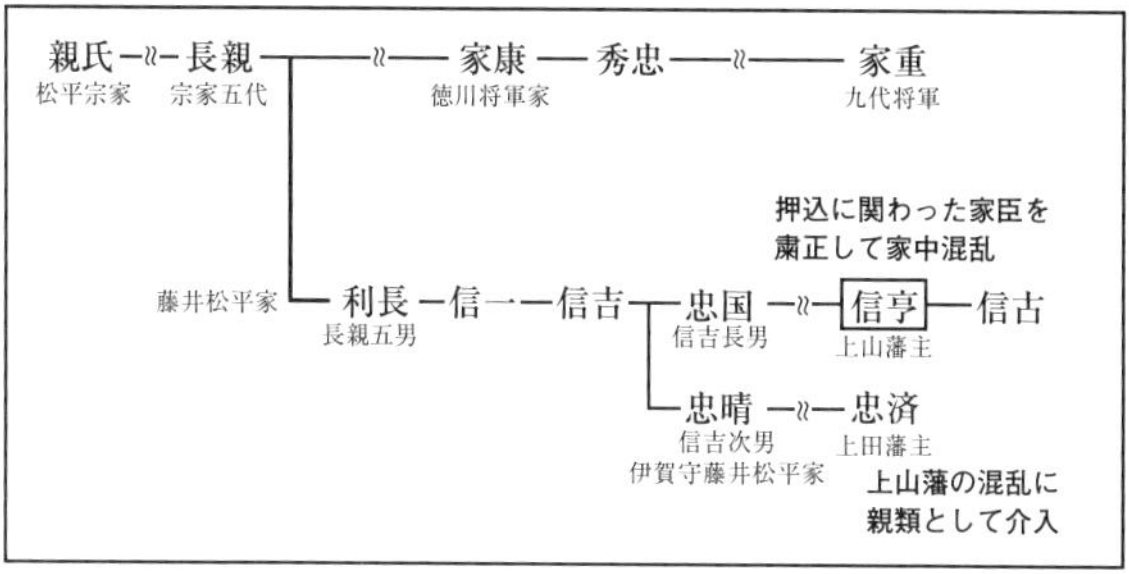


寛政2年（1790）に上田藩が介入する形で信亨は隠居に追い込まれ、長男の信古《のぶひさ》に藩主の座を譲る。上田藩の家老が上山藩に派遣されて隠居に追い込んだが、その裏には幕府の意向もあった。上田藩が幕府の意向をちらつかせたことは、想像に難くない。こうした場合、縁戚の大名が介入する形での決着を幕府が強く望んだことは、すでに指摘したところである。

信亨の隠居により、失脚した重臣たちは赦免されて藩政に復帰していく。藩内の混乱は収拾され、幕府も改易や減封などの処罰を下さずに済んだ。その後、上山藩は明治維新まで命脈を保つことになる。

# 32 藩政改革に失敗し強制隠居の憂き目にあう

## 挫折した藩政改革

他藩から養子に入った藩主が藩政改革を志して、養子先の藩士たちと対立することは少なくない。先に取り上げた徳島藩主・蜂須賀重喜《はちすかしげよし》の場合は、藩政改革による混乱を問題視した幕府から隠居を命じられた事例だが、藩内の抵抗に抗しきれず、藩主を続けることを断念した事例もある。下野黒羽《しもつけくろばね》藩主の大関増業《おおせきますなり》はそんな藩主の一人だった。

伊予大洲《おおず》藩主・泰衜《やすみち》の末子として生まれた増業は、黒羽藩（1万8000石）の藩主・大関増陽《ますはる》の養子に迎えられ、文化8年（1811）に11代目藩主の座に就く。31歳の時だった。

増業が藩主となった黒羽藩も財政難に苦しんでいた。増業が藩主として迎えられたのも、実家大洲藩からの持参金2000両が目当てだったらしい。

翌9年（1812）より、増業は財政再建を目指して藩政改革に着手する。藩士の士気を高めるため文武を奨励する傍《かたわ》ら、領内の産業振興に努めた。

藩の歳入は年貢米に依存していたが、江戸後期ともなると、どの藩も年貢米の増加にはもはや頼れなかった。年貢率は限界に達しており、これ以上の増徴を強行すれば農民たちの激しい抵抗は必至だった。領内で百姓一揆が起きれば、領内不取締の廉《かど》で幕府から咎めを受ける可能性もあった。百姓一揆の勃発が理由で改易あるいは減封された事例は珍しくない。

よって、新たな財源を求めることに躍起となる。領内に新たな産業を興し、その産物を販売した利益で財政の補填をはかった。いわゆる専売制だ。黒羽藩の場合は茶・煙草・漆・楮《こうぞ》といった商品作物の栽培を領民に奨励した。また、瀬戸焼で知られた尾張の瀬戸から職人を招いて陶器を試作している。加えて羊を飼育して毛織物を製造することで、黒羽藩の新たな産物にしようとも目論んだ。

そのほか、領内を流れる那珂川《なかがわ》の水運を振興するための工事に着手した。さらには、商取引を活発させることで領内の経済に刺激を与え、藩庫を潤そうとしている。

しかし、一連の産業振興策は新たな財政負担をもたらした。その成果もあまりあがらなかったため、藩内には改革への不満が高まっていく。

改革では歳出削減のため倹約令に加えて、俸禄のカットなど藩士たちにも負担を強いた。よって、改革への反発は高まる一方であった。増業は養子で、藩内の基盤はもともと脆弱だったこともマイナスに働いた。

藩内からの突き上げを抑え切れなくなった増業は隠居に追い込まれ、藩政改革は挫折した。文政7年（1824）のことである。その跡を継いで藩主となったのは、前藩主の次男増儀《ますのり》だった。

## 隠居後は学問に傾倒する

志半ばで隠居を余儀なくされた増業は、この時43歳であった。隠居後は江戸の下屋敷で国学や神道、兵学などの研究に勤しんだ。

もともと、増業は学問好きの大名であり、文系のほか、化学や工学、医学など理系の学問にも通じていた。そうしたバックボーンのもと、藩政改革では商品作物の栽培を領民に奨励したり、陶器を試作したり、毛織物の製造に取り組んだのである。

藩主時代から執筆活動にも熱心だった。たとえば、『創垂可継《そうすいかけい》』という叢書《そうしょ》を編纂している。黒羽藩の歴史・諸制度・法制・農政・藩士の家譜・領内の地誌などをまとめたものであった。

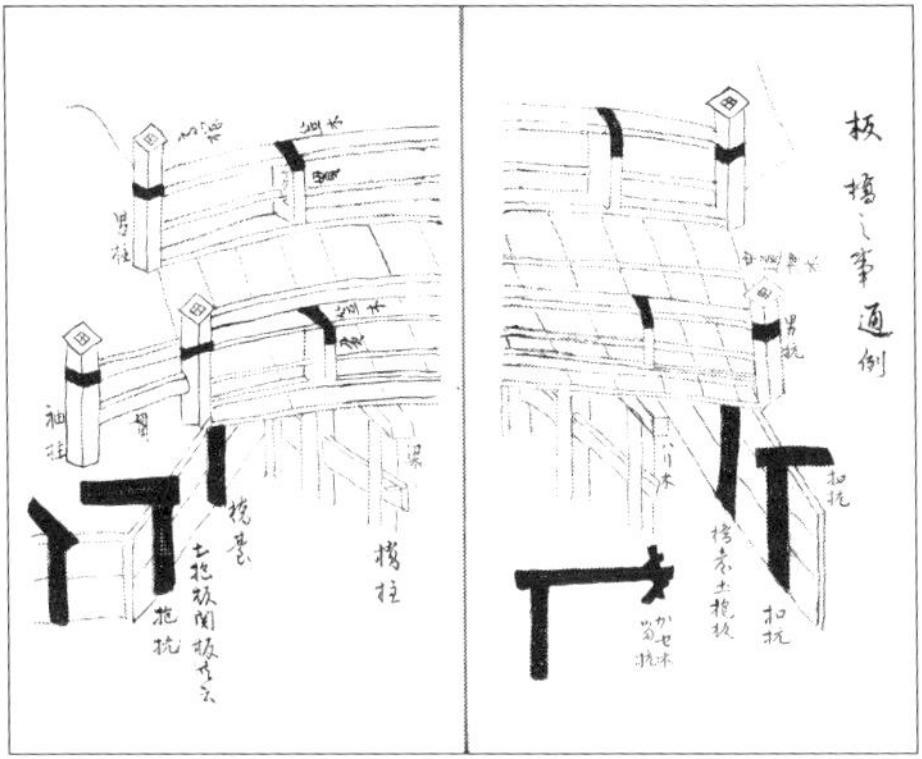

増業が編纂した『創垂可継』。上図は水利に関して記した箇所（国立公文書館所蔵）

隠居後は、全国各地の名水の比重などの水質分析を行った『喫茗新語《きつめいしんご》』、内科・外科・産婦人科などが扱う病状・製剤・処方・服薬についてまとめた『乗化亭奇方《じょうかていきほう》』などを編纂した。

藩政改革の志を果たすことはできなかったものの、隠居後はその才能を生かして研《けん》鑽《さん》を積み、研究・執筆活動に没頭する充実の日々を送ったのである。

# 33 軍事訓練を繰り返し幕府から危険視された徳川斉昭

## 欧米への危機感から軍事訓練を開始

江戸幕府では、徳川家の家臣から取り立てられた譜代大名のみが老中などの役職に登用されて幕政に関与できたが、外圧が強まった幕末に入ると、親藩・外様大名が幕政への進出を志向しはじめる。挙国一致で欧米列強による侵略を退けなければならないという大義名分のもと、譜代大名に独占された幕政に風穴を開けようとしたのだ。そのリーダー格となっていたのが、徳川御三家の水戸藩である。

もともと、水戸藩は内憂外患への対応を説いた政治思想を奉じる藩として知られていた。いわゆる水戸学だ。一言でいうと尊王攘夷の思想だが、その牽引役となった藩主こその幕末史に多大な影響を及ぼした徳川斉昭《なりあき》であった。

文政12年（1829）に9代目藩主となった斉昭は、藩政改革を通じて軍事力の強化を推し進める。この頃になると、欧米列強の船が頻繁に来航して開国・通商を求めてきており、国内では危機感が高まる。水戸藩などは所領が海岸線に面しており、すでに同7年（1824）にはイギリス船が常陸国大津浜《おおつはま》に近づき、イギリス船員が上陸する事件も起きていた。

よって、危機感が高まる一方だった水戸藩では斉昭のリーダーシップのもと、尊王攘夷思想のうち攘夷論を背景として軍事力の強化を目指す。天保11年（1840）からは、城外千束原《せんぞくばら》で追鳥狩《おいとりがり》という軍事調練もはじめた。

徳川斉昭像《模本》

追鳥狩とは勢子《せこ》をして山野に生息する雉や山鳥を追い立てた上で、藩士が弓矢や鉄砲で獲物を仕留めるものである。狩猟のスタイルが取られてはいたが、藩士は兜や鎧を着用しており、まさしく軍事調練に他ならなかった。かつて、幕府が実施した追鳥狩をモデルとした調練だった。

水戸藩最初の追鳥狩では騎乗の士が3000人

徳川斉昭による軍事調練を描いた図（『常磐公園攬勝図誌』国会図書館所蔵）

も参加し、約2万人もの農民が勢子として動員された。安政5年（１８５８）まで都合9回実施され、その勇壮な狩猟の様子は藩内外の評判となる。

　藩士の士気を高揚させることが斉昭のもう一つの狙いであった。藩内に緊張感を持たせ、内憂外患の危機に即応できる藩に変身させたかったわけだ。また幕府に対しては、攘夷実行のための武備の充実に加え、挙国一致で国難に対応するよう求めた。

　しかし、譜代大名が動かしている幕府からすると、そうした主張には警戒感を強めざるを得ない。その先には隠居という運命が待っていた。

## 激動の幕末の引き金となった斉昭の復活

斉昭による軍事力強化は寺院の猛反発も買った。藩内の反対論を押し切って、寺院の鐘や仏像などを鋳潰《いつぶ》して大砲製造用の原料としたからだ。この時期には寺院の破却まで断行している。神道を重んじる斉昭が仏教を抑圧するスタンスを取っていたことが背景にあった。

だが、これが命取りとなったようである。仏教側は幕府に激しく抗議したため、斉昭をさらに危険視する。

そうした折、天保15年（1844）3月に斉昭は追鳥狩を行う。水戸藩の力も合わせて挙国一致で国難に臨むべきという示威でもあったが、ついに幕府は堪忍袋の緒を切る。

翌4月、幕府は江戸にいた水戸藩家老を呼び出し、斉昭の藩政改革が招いた藩内の混乱についての取り調べを開始する。藩内からの告発もあったようだ。5月には水戸にいた斉昭を江戸に呼び出し、隠居して駒込下屋敷で謹慎するよう命じる。斉昭の跡を継いで藩主となったのは長男の慶篤《よしあつ》であった。

斉昭はまだ45歳であったが、しばらく雌伏の時を余儀なくされる。2年後の弘化3年（1846）に謹慎は解除されたが、嘉永6年（1853）6月にペリーが来航すると、幕府から危険視されていた斉昭の存在が注目される。

挙国一致の体制の構築で国難を乗り切ることに方針を転換させた幕府は、翌7月に隠居の身ながら斉昭を幕政に招き入れる。その年来の主張を容れた形だった。斉昭は念願の幕政進出を果たした。それは斉昭と水戸藩の運命を大きく変える。安政の大獄に象徴される悲劇を招くことになるのである。

第六章

# 御家騒動で大名廃業

――藩内分裂――

# 第六章　御家騒動で大名廃業《総説》

幕府が看過できないほどの騒動が大名の家中で起きた場合、その藩には減封、いわば左遷としての転封、場合によっては改易の処断が下った。当然ながら藩主の責任も問われ、謹慎、隠居などが命じられることも少なくない。藩主だけでなく、藩士たちも処罰された。

御家騒動の原因は様々だが、家督相続をめぐって家中が対立して御家騒動に発展し、自力では解決できなくなった結果、幕府の介入を招いてしまうのが定番である。藩主の所行を契機に家中に亀裂が生じ、御家騒動となることも間々みられた。幕府が仙台藩主・伊達綱宗《つなむね》の御乱行を問題視して隠居を命じ、その後、幼君のもと藩内が長期にわたって混乱して御家騒動に発展した伊達騒動はその一例である。

特に幕府の基盤が脆弱だった江戸初期では御家騒動が起きると、これ幸いと介入し、家中不取締を理由に改易などの処分を下すことが多かった。しかし、慶安事件以降、改易には慎重な姿勢を取るようになると、御家騒動への対応も変化していく。

大老・酒井忠清《ただきよ》邸で重臣どうしが刃傷事件を起こした伊達騒動などは、まさしく御家騒動が白日のもとに晒されたものであった。改易の断を下すのに格好の理由だったはずだ。

しかし、幕府は伊達家一門や重臣は処罰したものの、藩主は御咎めなしとした。仙台藩自体についても何の処罰も下さなかった。当時の幕府が改易には慎重な姿勢を取っていたことに加え、外様大名トップ3の大名の改易が社会にもたらす悪影響を懸念したことが背景にあった。

御家騒動イコール御家断絶のイメージは強く、慶安事件以降でも改易される事例は珍しくないが、幕府の胸三寸《むねさんずん》次第である以上、その時の将軍や幕閣の判断が対応を分けることには注意したい。必ずしも、御家騒動イコール御家断絶ではなかったのだ。

本章では、御家騒動を理由に幕府から改易や減封などの処断が下った事例を取り上げる。

# 34 幕府は改易を避けたかったが制御不能になって処分された最上家

## 最上家の長男が父に殺され家中が混乱

江戸初期まで、東北には山形藩最上《もがみ》家という有力外様大名がいた。最盛期には57万石の石高を誇り、仙台藩伊達家と並ぶ東北の雄だった。

だが、最上騒動と俗称される御家騒動により、2代将軍秀忠の時代に改易される。江戸時代に改易された外様大名のなかでは、最大の石高であった。

もともと最上家は、足利将軍家の一族・斯波《しば》家の流れを汲む大名である。斯波家は同じく足利一族の細川・畠山家とともに、将軍の信任を受けて幕府を取り仕切る管領に任命される家格を備えていた。室町時代初期には斯波一族の兼頼《かねより》が、出羽最上郡を本拠として土着する。

これを機に、斯波家は出羽にも勢力を伸ばし、出羽に土着した兼頼は本拠地にちなんで最上と姓を改める。ここに、最上家の歴史がはじまった。

戦国時代に入ると、最上家は版図を拡大させる。特に義光《よしあき》の代に顕著だった。

ちなみに、同じく東北で版図を拡大させた伊達政宗の母は、義光の妹義姫《よしひめ》であった。よって、関ヶ原の戦いでは政宗とともに家康率いる東軍に属し、西軍の上杉氏と激しく戦火を交える。

戦後の論功行賞で義光は加増され、最終的には57万石の大封を得る。東北の大名では伊達家62万石に次いだ。

その上、義光は将軍となった家康の覚えが目出度《めでた》かった。次男家親《いえちか》は家康や秀忠の側近く仕えていた。最上家の将来は非常に明るかったはずだが、そうはいかない。江戸幕府が誕生した慶長8年（１６０３）から数えると、大名としての最上家は20年しか持たなかった。

その原因は最上家内の争いにあった。熾烈な家督相続争い、すなわち御家騒動が勃発したことで、前途に暗雲が立ち込めるのである。

最上家の家督を継ぐことになっていたのは長男の義康《よしやす》だが、父義光のため非業の死を遂げる。その理由は諸説あるが、次男の家親が家康のお気に入りだったことを踏まえた処置であったらしい。家親に家督を継がせるため、義康の命を奪ったのだ。戦国の世では、家督相続をめぐって親子や兄弟の間で骨肉の争いが起きることは別に珍しいことではなかった。

しかし、この処置は最上家の家中に混乱を引き起こす。最上家は義光の代に版図を拡大して家臣の数も膨れ上がったが、それゆえ家臣団にまとまりがなかったことは否めなかった。もともと家臣団を統制し切れなかったところに、血なまぐさい家督相続争いを義光がみずから引き起こしたことで家中に動揺が走る。ますます、藩主が家臣団を統制することは難しくなった。

## 義光死後の最上家の混乱

慶長19年（1614）1月、義光は病で死去した。跡を継いだ次男家親も、3年後の元和3年（1617）に急死する。3代目藩主となったのは家親の子の義俊《よしとし》だが、まだ13歳だった。

相次ぐ藩主の死、そして跡を継いだ藩主も少年となれば、家臣団が制御不能となるの

◉最上騒動関係図

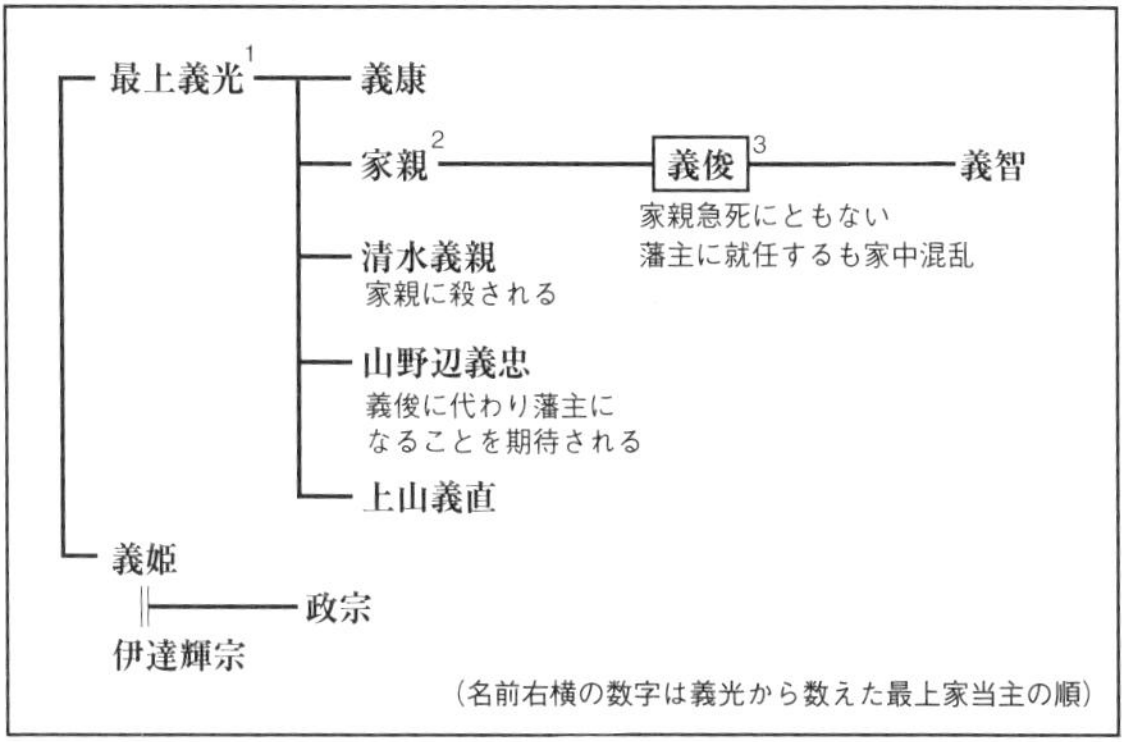


は時間の問題だった。幕府も最上家の行く末を懸念し、藩内にトラブルが起きた時は幕府に相談するよう義俊に指示していた。要するに、幕府は義俊をバックアップしようとしたわけだが、その目論見は結局のところ実を結ばなかった。

さらに、義俊の代わりに叔父の義忠《よしただ》を藩主に擁立する動きが藩内で起きてしまう。義俊では頼みにならずという意思表示に他ならない。

ついには、前藩主の家親は毒殺されたのだと幕府に訴え出る者も現れた。元和8年（1622）のことである。

事ここに至っては、幕府も最上家の御家騒動に介入せざるを得なくなる。その結果、もはや自力で家中を統制できる状態ではないと判断され、改易の処分が下された。義俊は近江で改めて1万石を与えられたものの、その死後は5000石となり、大名としての最上家は終わった。

改易までの経緯をみていくと、幕府は穏便に済ませようとしていたものの、内紛が収まらなかったため、止むなく改易を決断したことが窺える。御家騒動イコール御家断絶ではなかった事例の一つだが、外様大名ながら家康つまり幕府との関係が良好だったことが穏便に済ませようとした動機になっていた。

# 35 頼りの後見人が亡くなって藩政に暗雲がたちこめた生駒家

## 有力者との関係強化に次々と成功

信長・秀吉に仕えて数々の戦功を挙げた生駒親正《いこまちかまさ》は、慶長5年（1600）の関ヶ原の戦いでは西軍に属した。ただ、長男一正《かずまさ》が家康率いる東軍に属したことで、江戸時代に入っても大名としての命脈を保っている。翌6年（1601）、一正は高松藩生駒家17万石余の家督を継ぎ、引き続き家康に忠勤を励んだ。この頃には、一正の長男正俊《まさとし》が伊勢津藩主となる藤堂高虎《とうどうたかとら》の娘を妻に迎えたことで、藤堂家との関係が深くなる。

同15年（1610）に一正が死去すると、正俊が家督を継いで高松藩主となった。ところが、元和7年（1621）に正俊も36歳の若さで死去したため、高虎の娘との間に

藤堂高虎像《模本》

生まれた長男高俊《たかとし》が藩主の座に就く。わずか11歳であった。

よって、高俊の外祖父にあたる高虎が藩政を後見することになる。高虎は生駒家と同じ外様大名ながら、幕府の信任が厚かった。この頃には秀吉の家臣から取り立てられた大名が次々と改易されており、生駒家としては最善の選択であった。

高虎も秀吉に取り立てられた大名である。家康の信頼を得ることで何度も加増され、ついには32万石余の大封を与えられた経歴を持つ。そんな高虎のバックアップがあれば生駒家は安泰と考えたのだろう。

当時は2代将軍秀忠の代だった。その信任厚い老中・土井利勝《どいとしかつ》の娘を、高俊は妻に迎えている。秀忠に次ぐ幕府の実力者だった利勝を岳父とすることで、幕府と高松藩の距離はさらに縮まった。

だが、世故《せこ》に長けた高虎が寛永7年（1630）に死去すると、高松藩に暗雲が立ち込めはじめる。高虎の死後も、その跡を継いだ高次《たかつぐ》が高松藩政を後見したが、高虎の死はやはり大きかった。この頃より、高松藩は家中が混乱していく。

## 藤堂家も岳父も改易を止めることはできず

幕府了解のもと藤堂家は引き続き藩政を後見したが、藩主の高俊は高虎が死去した頃には20歳となっており、藩政に関与しはじめる。それを見計らって高俊に取り入ったのが、家臣の前野助左衛門と石崎若狭《わかさ》であった。

二人は家老に抜擢されて権勢を振ったため、藩内から猛反発を買う。一方、藩政を次第に顧みなくなった高俊は何事も二人に任せたため、その専横は甚だしくなった。藩内は前野・石崎派と、その反対派に分かれ、双方の抗争が激化していく。

ついに、前野・石崎派を告発する狼煙があがった。同14年（1637）7月に、かつて高松藩で家老を務めた生駒将監《しょうげん》の子・生駒帯刀《たてわき》が、反前野・石崎派の藩士を代表して、藤堂家に訴え出る。二人の悪行を19カ条にまとめ、その処罰を願い出たのである。

藤堂家としては生駒家の内紛を表沙汰にせず、内分に収めることを望んでいた。正式に幕府の評議に掛かるとなれば、ただでは済まない。改易を防ぐため、喧嘩両成敗つまり双方痛み分けという線で事態の収拾をはかったが、高俊がその処置に反発したことで調停は失敗する。

これにより、藩内は収拾がつかない事態に陥った。藤堂家もさじを投げたため、生駒家の御家騒動は幕府の評議に掛けられることになる。

幕府の裁決が下ったのは、同17年（1640）7月のことである。藩内を混乱させた前野・石崎派の藩士たちは厳罰に処された一方で、反前野・石崎派の藩士は軽い処罰にとどまった。

そして、生駒家は家中不取締の廉《かど》で改易となる。高俊は出羽の矢島《やしま》で改めて1万石が与えられたが、その死後は所領が分割されたことで大名としての生駒家は終わる。

藤堂家の調停で御家騒動が収まっていれば改易の事態には至らなかったかもしれないが、幕府の評議に掛けられると、もはやどうにもならなかった。この頃には高俊の岳父・土井利勝が老中から名誉職の大老に祀りあげられ、幕政への影響力を弱めていたことも大きかったはずである。

# 36 家老が怒りのあまり城に発砲して領内から退散した御家騒動

## 藩財政が極度に悪化

会津藩といえば白虎隊《びゃっこたい》の悲劇に象徴されるように、幕府に忠節を尽くした藩のイメージが非常に強い。当時の藩主は親藩大名の松平家で、藩祖は3代将軍家光の異母弟・保科正之だが、正之が会津に封ぜられる前には外様大名の藩主が続いたことはあまり知られていない。

寛永4年（1627）までは蒲生《がもう》家が藩主だったが、忠郷《たださと》の代に伊予松山へ転封されたことで、松山藩主だった加藤嘉明《よしあき》が会津に移封されてくる。その後、同20年（1643）まで加藤家が会津藩主を務めた後、今度は正之が会津に封ぜられ、会津藩松平家の歴史がはじまる。

蒲生忠郷と交代する形で会津に入った加藤嘉明は、賤ヶ岳七本槍《しずがたけしちほんやり》の一人である。秀吉が信長の重臣だった柴田勝家を破った賤ヶ岳の戦いで、目覚ましい武功を挙げた秀吉の小姓七人を指す呼称であり、加藤清正と福島正則が代表格だった。二人とも幕府から50万石前後の大封を与えられたが、嘉明も会津に移封された際、20万石から40万石に加増される。

しかし、4年後の寛永8年（1631）に嘉明は死去する。長男明成《あきなり》が家督を継ぎ、会津藩主となった。

明成は藩主となると、居城若松城の大改築に着手する。領内の鉱山開発にも積極的に取り組んだが、それには莫大な費用を要した。その上、幕府から江戸城の普請を命じられたため、藩財政は極度に悪化した。

よって、年貢を増やすことで費用を賄おうとしたが、その負担に耐えかねた農民たちは逃げ出してしまう。いわゆる逃散《ちょうさん》である。農地は荒廃して年貢量は減少し、財政悪化に拍車を掛ける結果となる。

## 家老と対立後に藩主が不自然な領地返上

藩財政が逼迫しただけでなく、明成主導の藩政も混乱を極めた。藩主を支える立場の重臣・堀主水《ほりもんど》との関係が悪化してしまう。藩政をめぐる意見の対立に加え、主水が明成の振る舞いについて諫言を繰り返したことがその理由である。

ついに、二人の関係が決裂する時がやってくる。そのきっかけは、明成の家臣と堀の家臣がトラブルとなり、明成の裁定により堀の家臣が処罰されたことだった。これを不服として堀は明成に抗議したが、逆に家老職を解かれる。

堪忍袋の緒を切った堀は明成に反旗を翻す。同16年（1639）4月16日、一族郎党300人余を率いて若松城下を退去した。

しかも退去の折、堀はそれまでの憤懣《ふんまん》を爆発させる。城に向けて鉄砲を撃ちかけるという、明成側から謀反とみなされても仕方のない行動に出たのだ。関所も押し破って領内から退去したが、こうした一連の行為が後に命取りとなる。

もちろん、このままでは済まないことは堀もよくわかっていた。明成は追手を差し向けて討ち取ろうとするだろう。そこで堀たちは高野山まで逃れ、そして紀州藩に匿われた。

だが、会津藩から紀州藩へ、身柄引き渡し要求は続く。ついに堀は執拗な追及から逃れられなくなる。そこで窮地を脱しようと、明成の所行を幕府に訴え出るに及んだ。

しかし、堀の主張の是非はともあれ、若松城下退去時の行為は、主君に対する叛逆《はんぎゃく》行為である。幕府としては、その罪を問わなければならなかった。

結局、明成の主張が認められ、堀たちの身柄は会津藩に引き渡された。そして同18年（1641）、堀たちは会津藩により処刑されている。

その後、事態は意外な展開をみせる。

同20年（1643）に、明成が会津領を返上したいと幕府に申し出たのである。自分は藩主の任ではないというわけだ。幕府もこれを受け入れたため、そのまま加藤家は改易となる。

明成の真意は定かではないが、所領返上までの経緯が不自然だったことから、諸大名は不審の念を持ったようである。明成の体面を保つため、家中不取締の廉《かど》で改易するのではなく、所領を返上するよう幕府が暗に促したのかもしれない。

その後、明成の子には石見で改めて1万石が与えられた。その後、近江水口《みなくち》に転封され、加藤家は明治維新まで続く。

# 37 外様ながら厚遇されたものの…家康の孫にも特別扱いの限界がくる

## 有力外様大名池田家の繁栄

外様大名は親藩・譜代大名に比べると幕府との距離は遠かったが、例外もある。池田家などは家康の娘を正室に迎えたことで厚遇された大名だった。

江戸時代に入る前、池田家は家康と戦場で相まみえたことがあった。時の当主は池田恒興《つねおき》だ。信長の後継者として天下統一を進める秀吉に従い、尾張の長久手で合戦に及んだのである。天正12年（1584）の小牧・長久手の戦いのことだが、武運つたなく敗北を喫し、討死している。長男元助《もとすけ》も討死したため、次男輝政《てるまさ》が家督を継ぐことになった。

その後、家康が秀吉に服属すると、秀吉の肝煎《きもいり》で、池田家は徳川家との結びつきを強化する。秀吉による天下統一後の文禄３年（１５９４）に、輝政は家康の次女督姫《とくひめ》を正室に迎えた。輝政は家康の娘婿となったことで、池田家は所領を拡大させていく。

関ヶ原の戦いでは家康率いる東軍に属して戦功を挙げ、戦後の論功行賞で三河吉田15万石余から播磨姫路52万石に加増された。天下人となった家康の娘婿にふさわしい大封を与えられる。

池田輝政像《模本》

輝政は、督姫との間に家康の外孫となる五男二女を儲けた。五人の男子はすべて大名に取り立てられている。忠継《ただつぐ》と忠雄《ただかつ》は岡山藩池田家の藩主となり、輝澄《てるずみ》は播磨山崎藩、政綱《まさつな》は播磨赤穂藩、輝興《てるおき》は播磨平福《ひらふく》藩の藩主となる。家康の外孫であることが考慮されたのだろう。

当初、輝澄が藩主を務める播磨山崎藩は、３万８０００石であった。だが、寛永８年（１６３１）に弟政綱が跡継ぎを残さず死去すると、政綱の赤穂藩池田家はいったん改易となり、その旧領３万石は兄の輝澄に与えられた。山崎藩は都合６万８０００石となるが、皮肉なことに、それは改易へのはじまりであった。

## 藩主が家康の孫でも限界があった

所領が倍増したことで、輝澄は多数の新参者を召し抱えた。そのなかに、小河四郎右衛門という者がいた。輝澄は小河を重用し、家老に抜擢する。お気に入りの藩士を介して、藩政の主導権を握ろうとしたのだろう。

これに反発したのが、従来藩政をリードしてきた家老の伊木伊織《いぎいおり》たちだった。新たに家臣団に加わった藩士たちへの反発が背景にあった。

となれば、新参の藩士たちが小河のもとに結集していくことは避けられない。もともと、家臣が増えたことで家中にまとまりがなくなっていたが、輝澄の信任が厚い小河への反発が呼び水となって、藩内は小河派と反小河派に分裂する。

山崎藩の御家騒動については、池田家本家の岡山藩が事態を深刻に捉えていた。輝澄は家康の外孫とはいえ、このままでは改易は免れないと危惧し、密かに事態収拾をはかるが、結局失敗する。調停が実らなかったことで、山崎藩は最悪の事態へと向かう。

ついに、伊木たち100人余が徒党を組む形で山崎藩から退去する。藩の許可は取っておらず、脱藩に他ならなかった。

藩内の分裂が白日のもとに晒された格好であり、もはや輝澄が家中をコントロールできなくなっていたことは隠しようがなかった。藩主が家康の外孫でもあり、事態を静観し続けた幕府だったが、裁定を下さなければならなくなる。

同16年（1639）から幕府は吟味を開始し、翌17年（1640）に裁定を下した。伊木たちは切腹、小河は相馬家に御預けとなった。要するに喧嘩両成敗である。刑罰の差からは、幕府が脱藩の罪を重くみなしていたことが確認できる。

そして、家中不取締の廉《かど》をもって山崎藩は改易となる。輝澄は甥にあたる鳥取藩主・池田光仲《みつなか》に御預けの身となるが、その後、因幡鹿野で改めて1万石が与えられた。寛文2年（1662）に輝澄が死去すると、子の政直《まさなお》は播磨福本《ふくもと》に転封されたが、その後所領が分割されたため福本藩は消滅する。輝澄が創設した大名の池田家はその歴史を終えた。

家康の孫といっても特別扱いには限界があったことを、池田家の御家騒動は教えてくれるのである。

# 38 新将軍が権威向上をはかるため裁定を覆した御家騒動

## 幕府による裁定の再審という異例

元和9年（1623）2月、幕府は福井藩主・松平忠直《ただなお》に隠居を命じた。かねてより精神不安定だった忠直は、江戸参勤を二度にわたって中止したことで、幕府の疑念を生んでいた。さらには重臣・永見貞澄《ながみさだずみ》の一族を討ち滅ぼしたことで、藩内が大きく動揺していた。

時の将軍秀忠の甥とはいえ、幕府としてはその行状を捨て置けず、隠居して嫡男光長《みつなが》に家督を譲るよう忠直に命じる。翌寛永元年（1624）4月には、忠直の異母弟で越後高田藩主だった松平忠昌《ただまさ》を福井に封じた。

隠居した忠直は配所先の豊後に送られたが、家督を継いだ光長には高田で改めて25万石を与え、忠昌の跡を継ぐ形で高田藩主に据えた。忠直の隠居そして豊後への流罪とは事実上の改易処分を意味していたが、秀忠の甥でもあることを考慮し、国替えの形で御家存続を認める。

以後50年余にわたって、光長は藩主の座に君臨した。領内の新田開発に力を入れることで年貢量つまり歳入を大幅に増やした。その信任を受けて藩政を動かしたのが、筆頭家老の小栗美作《おぐりみまさか》だった。直江津《なおえつ》港の改修、用水の開削、鉱山の開発でも治積を挙げたが、藩内ではその専制ぶりに反発する者が少なくなかった。

そんななか、延宝2年（1674）1月に嫡男綱賢《つなかた》が死去したことで、光長は唯一の跡継ぎを失う。御家断絶を防ぐために養子を迎えることになったが、ここで御決まりの家督相続争いが起き、御家騒動の勃発となる。

光長の異母弟である永見長頼の子・万徳丸を養子に迎えることが決まると、これを機に小栗を藩政から排除しようという動きが表面化する。光長の隠居が見えてきたことで、万徳丸改め綱国《つなくに》擁立派の藩士たちが、光長の信任厚い小栗を除こうとしたのである。

具体的には、小栗が光長の異母妹を妻に迎えていたことに目を付け、自分の子を養子とすることで藩を乗っ取ろうとしているという噂を流し、その失脚をはかった。もとも

**◉高田藩松平家の系図**

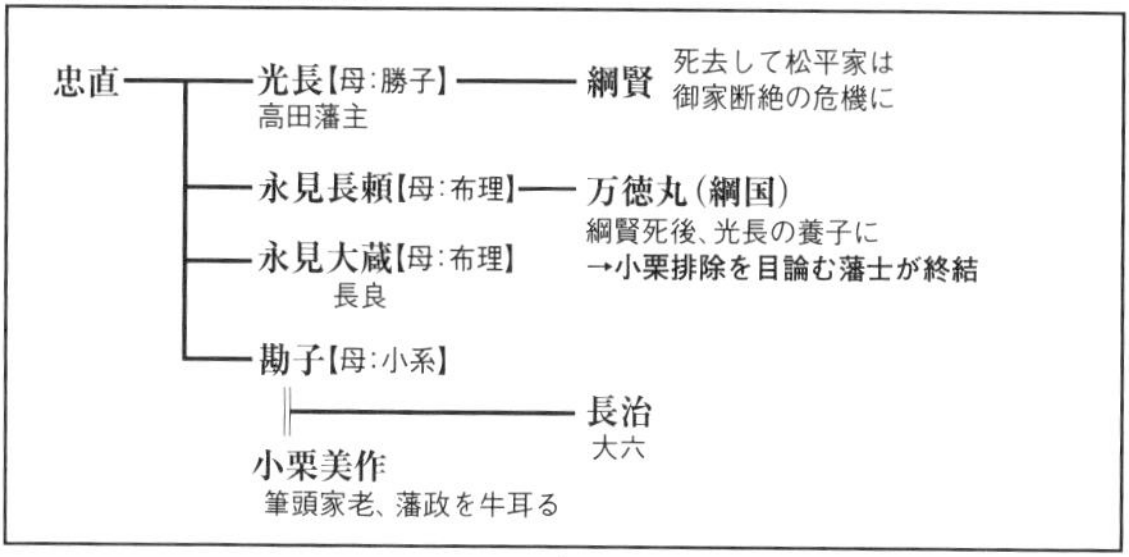


と藩内では小栗への反発が強かったため、この噂が引き金となる形で小栗派と反小栗派の抗争が激化していく。

藩内の騒動を自力で抑え切れなくなった光長は、幕府に裁定を委ねる。同7年（1679）10月、幕府は反小栗派を敗訴とする裁定を下したが、騒動は終わらなかった。裁定に不満な反小栗派が収まらなかったからだ。その反発を受ける形で幕府は再審を決める。実は、幕府内で政権交代が起きたのである。

## 新将軍綱吉による裁断の背景

先の裁定は4代将軍家綱のもと、幕閣を構成する大老・酒井忠清《ただきよ》や老中・久世《くぜ》広之《ひろゆき》たちが審理に預かっていた。ところが、それから7カ月後の同8年（1680）5月に家綱が死去したため、異母弟の綱吉が急遽5代将軍の座に就く。

歴代将軍のなかで、綱吉は分家から将軍の座を継いだ最初の人物である。将軍となることは想定されておらず、将軍としての権威に欠けていたことは否めなかった。よって、自分の権威を高めることに極めて熱心だった綱吉は、高田藩の御家騒動をその格好の材料にしようと目論む。

再審に踏み切ることで、家綱時代の幕閣が下した裁定を否定したのである。翌9年（1681）6月、綱吉は再審の結果、以下の裁定を下した。小栗は切腹、反小栗派の永見大蔵《おおくら》・荻田主馬《おぎたしゅめ》たちは八丈島への流罪。今回は喧嘩両成敗の裁定だったが、藩主の光長も無傷では済まなかった。御家騒動の責任を取らせる形で改易処分とした。

それだけではない。先に審理を担当した幕閣の責任も追及している。酒井忠清も久世広之もすでに死去していたが、跡を継いだ酒井忠挙《ただたか》と久世重之《しげゆき》を逼塞処分とすることで、先の裁定の責任を取らせた。

このように、綱吉は前政権の判断を覆すことで、自分の将軍としての権威を認知させようとはかった。時の将軍や幕閣の判断が、御家騒動の裁定に影響を与えたのである。

なお、元禄11年（1698）に光長の養子・松平長矩《ながのり》が美作津山で10万石を与えられたことで、高田藩松平家は津山藩松平家として復活を遂げている。

第七章

# 領民からの反発で大名廃業

——徒党・強訴・逃散——

# 第七章　領民からの反発で大名廃業《総説》

所領の統治が幕府から問題視されて改易となった大名は、少なくない。そのきっかけは領民からの告発が定番である。年貢増徴などの重い負担に耐えかねた農民や町人が領主の苛政に抗議して徒党を組み、その撤回を求めて強訴《ごうそ》と呼ばれた実力行使に出たのだ。抗議のため、徒党を組んで農地を立ち退くこともみられたが、これは逃散《ちょうさん》と呼ばれた。

いわゆる百姓一揆とは、徒党を組んで農民たちが強訴、あるいは逃散といった実力行使に出ることを指す。それでは埒《らち》があかない場合は究極の手段に出る場合もあった。大名の主君である将軍つまり幕府に対して直訴に及ぶのである。

こうした領民たちの行動は、当の大名にとっては脅威でしかなかった。たとえ直訴が実行されずとも、百姓一揆が幕府の知るところとなれば統治能力が疑問視され、改易や減封《げんぽう》、転封などの処分が下される恐れがあった。

よって、大名は領民たちが徒党を組んで実力行使に出るのを力ずくで封じ込めようとするが、思惑どおりにいかない場合も珍しくない。実力行使を防げずに表沙汰となり、統治能力に問題があることが白日のもとに晒されれば、幕府にしても不問に付すことは難しかった。

　領民たちが実力行使に出たことで表沙汰となったことは大きかった。いわば「見える化」したことで、いやが応でも関心は高まる。幕府から改易処分が下ればなおさらだ。ただし、社会で起きたショッキングな事件をそのまま芝居の舞台や講談などで取り上げることは、自主規制させるのが習いであった。社会への悪影響を危惧したことがその理由だが、百姓一揆など領民側の実力行使が引き金となって大名が改易された事例についても、同様のスタンスを取る。

　だが、幕府が情報統制をはかればはかるほど、世間の関心は高まった。口コミで広がるのは避けられなかった。

　本章では領内で百姓一揆などが起きたことで、幕府から改易に処せられた事例を取り上げる。

# 39 見栄で悪政を行うお殿様を領民が幕府に告発

## 藩主の悪政を将軍綱吉へ訴えることに成功

真田家というと、徳川家康を向こうに回して奮戦した真田信繁《のぶしげ》こと真田幸村《ゆきむら》のイメージが強い大名である。真田幸村は大坂夏の陣で討死したが、真田家の家督を継いだ兄信《のぶ》之《ゆき》の子孫は、上田藩そして松代《まつしろ》藩10万石の大名として明治まで続く。

しかし、大名の真田家はもう一つあった。分家の上野沼田《こうずけぬまた》3万石の真田家だ。本家との関係は良好とは言えなかった。そのライバル心が仇となる。

明暦2年（1656）に沼田藩真田家を継いだ藩主・真田信利《のぶとし》（信之の孫）は本家に負けじと、石高を増やそうとはかる。沼田藩の石高は3万石だったが、寛文2年（1662）

より開始した検地により、松代藩を上回る14万石余という数字を算定する。そして幕府に届け出たが、これは実際の生産高をまったく無視した数字であった。

当時、幕府は石高に基づいて諸大名に様々な負担を課したため、検地により沼田藩の負担は5倍近くとなる計算だった。領民は負担を転嫁され、重税にあえぐようになる。藩が賦課する年貢も石高に基づいたため、領民が耐えられる負担では到底なかった。

天和元年（1681）春、領民の窮状を見かねた月夜野《つきよの》村の杉木茂左衛門《すぎきもざえもん》は将軍綱吉への直訴をはかるが、尋常な手段では無理と考え、一計を案じる。信利の悪政を5カ条に連ねた訴状を、寛永寺のトップたる輪王寺宮《りんのうじのみや》を介して綱吉のもとに届くよう細工し、見事成功する。これにより、信利の悪政を綱吉つまり幕府は知り、統治の責任を問う運びとなった。

その上、前年にあたる延宝8年（1680）に、沼田藩は両国橋の架け替えに必要な用材の調達を命じられたが、期限に間に合わないという失態も犯していた。

ここに至り、幕府は沼田藩の改易を決断する。天和元年（1681）11月のことであった。

念願を果たした茂左衛門はその後、捕らえられる。将軍に直訴した罪は重く、翌2年（1682）12月5日に月夜野村で磔《はりつけ》に処せられた。

群馬県みなかみ町に位置する茂左衛門地蔵尊千日堂
(hiroshi /PIXTA)

改易により沼田藩領は幕府領に組み込まれた。貞享元年（1684）になると、幕府は前橋藩に対して再検地を命じている。直訴の原因になった真田家による検地を問題視し、正確な生産高を把握しようとしたのだ。その結果、14万石余だった沼田領の石高は6万5000石に減っている。

この再検地により、真田家の検地が実情を無視したものだったことが白日のもとに晒された。領民の負担も大幅に減ったことから、後年、この検地は「お助け検地」と呼ばれることになる。

## 明治時代に義民として脚光を浴びる

沼田藩真田家を改易に追い込んだものの、最後は磔となった茂左衛門の名は、やがて人々の記憶から忘れ去られた。罪人として処刑されたため墓所も造れず、月夜野村の利根川原に置かれた地蔵に赤飯が供えられただけだった。地蔵を茂左衛門と見立てることで、その義民としての偉業が地域で語り継がれた。

義民とは農民や町人の難儀を救うため一身を捧げた民衆のことである。とりわけ、百姓一揆の指導者の名が農民たちの間で義民として語り継がれるのは定番となっていた。茂左衛門の場合は明治に入ってから脚光を浴びた事例である。月夜野橋の架け替え工事がきっかけだった。

その際、工事関係者が利根川原の地蔵を動かそうとしたところ、土地の古老から茂左衛門のことを聞かされる。これを機に、茂左衛門の偉業が浪曲、講談、芝居などで取り上げられるようになり、その義民としての名が一躍有名となった。茂左衛門を取り上げた作品としては、藤沢紫紅の『沼田義民伝』、野口復堂の『磔茂左衛門』などが挙げられる。

大正に入ると、利根川原にあった地蔵が「茂左衛門地蔵」として、地元の有志により建立された寺院の本尊として祀られた。これは千日堂と称されたが、茂左衛門が磔となった後に、その霊を慰めるため1000日間にわたって念仏を唱えたことが由来という（『百姓一揆事典』民衆社）。

茂左衛門が義民として祀られてその事績が伝承され、ついには芝居などにも取り上げられたことで、皮肉にも沼田藩真田家の改易も語り継がれることになったのである。

# 40 領民が江戸藩邸に押しかけてきて改易された安房北条藩主

## 門訴という戦術の有効性

百姓一揆が年貢減免などの要求を領主たる大名から勝ち取るために取った戦術には、強訴《ごうそ》、逃散《ちょうさん》、幕府への直訴があったが、門訴《もんそ》という戦術も合わせ技の形で取られること が、少なくなかった。城や江戸藩邸の門前に押し掛けて要求を呑むよう求めたのが門訴で、強訴の範疇に入る戦術だった。

参勤交代制に基づき、大名は江戸に屋敷（藩邸）を持っていた。そのため、江戸藩邸の門前に押し掛けられてしまうことは、頭の痛い問題だった。言い換えると、領民側はその点に目を付けた。

江戸では、大名の監察を役目とする大目付《おおめつけ》が目を光らせていた。そうした監視のなか、江戸藩邸の門前というオープンな場で騒ぎが起きれば、幕府からの尋問は避けられない。将軍のお膝元で何か問題を起こせば、幕府の忌諱《きい》に触れ、最悪の場合は改易処分を受ける恐れもあった。

江戸藩邸。門の奥の建物から出ようとしているのが藩主
（歌川豊春『御大名行列之図（部分）』国会図書館所蔵）

よって、大名は幕府の目を気にしながら江戸での生活を送ったが、領民側にしてみると、そこが狙い目だった。門訴という実力行使に出れば、幕府の視線に配慮して穏便に済ませようと態度を軟化させるに違いない。要求は認められやすいと考えたのである。

6代将軍家宣の時代にあたる正徳元年（1711）の秋、安房北条藩屋代《やしろ》家は財政難を背景に、徴税を強化する。それまでの倍の年貢米を賦課し、酒屋・麹屋への運上金を復活させた。開墾や用水開削に要する人足の負担も課した。

一連の負担増加に対し、領内27カ村の農民たちは陣屋に押し掛け、年貢減免などを嘆願する。北条藩は1万石の小藩であったため城を持たず、藩主がいた屋敷を陣屋と称して統治にあたっていた。

しかし、一向に埒が明かなかったため、業を煮やした農民600人余は江戸藩邸に押し掛けて門訴に及ぶ。11月7日のことであった。当惑した藩側は農民の代表を邸内に入れ、嘆願を容れる旨を示すが、その場凌ぎの対応に過ぎなかった。農民たちが帰村すると、藩側は態度を豹変させる。首謀者を捕縛し、牢屋に入れてしまう。

騙されたことを知った農民たちは幕府への直訴を敢行する。駕籠に乗っている老中に直訴したため、これは駕籠《かご》訴《そ》と呼ばれた。そうしたなか、首謀者の農民が藩により処刑されたため、老中への駕籠訴が再び敢行された。

ここに至り、幕府は北条藩で勃発した百姓一揆について吟味せざるを得なくなる。徴税を強行した立役者の用人・川井藤左衛門《とうざえもん》は召喚され、12月11日より吟味が開始された。

## 幕府が農民の要求を認めた背景

後年、万石《まんごく》騒動と称された北条藩での一揆に対する幕府の裁決が下ったのは、半年以上も経過した翌2年（1712）7月22日のことである。北条藩には非常に厳しい裁決となった。

用人の川井と息子の定八は、武士としての名誉である切腹も許されず、斬首に処せられた。それだけ罪が重いと、幕府は認定したのだ。農村支配にあたる郡代や代官は追放となった。一方、年貢減免などを求めた農民の嘆願は全面的に認められる。

藩主・屋代忠位《ただたか》もこの不始末の責任から逃れることはできなかった。所領1万石が没収され、改易となる。ただし、先祖の勲功をもって寄合に列せられており、大名としての屋代家は終わったものの、旗本として御家再興が許されている（『百姓一揆事典』民衆社）。

幕府にせよ藩にせよ、百姓一揆には厳罰をもって臨むイメージが強いが、万石騒動への対応はそんなイメージの真逆を行くものであった。幕府が農民の要求を全面的に認めた裁決となったが、これは当時の幕府の政治方針に則っていた。

折しも、儒学者・新井白石を政治顧問に迎えた幕府は、「正徳の治」と呼ばれる政治を進める。庶民を苦しめた生類憐みの令の撤廃など、仁政の名のもと民政に力を入れたことが特徴の一つだが、農民の訴えについても公正な裁判を期した。その結果、万石騒動でも農民側の要求を全面的に認めた裁決となった。言い換えると、領主屋代家の改易は避けられなかったのである。

# 41 農民の激しい反発から問題視された幕閣ぐるみの年貢増徴

## 幕府に根回しをして年貢増徴をはかる

江戸中期に入ると、幕府・藩を問わず財政難に苦しむようになる。幕府も藩も農民から徴収した年貢米に依存する財政構造であったため、歳入を増やすには年貢量を増加させるしかなかったが、となれば農民の反発は必至だった。年貢量の増加に比例し、年貢の減免を求める百姓一揆は増加の一途をたどる。

当時、年貢の徴収法は二つあった。定免《じょうめん》法と検見取《けみとり》法である。定免法は過去数年の年貢量をもとに、一定期間、豊凶にかかわらず定額量を徴収する方法。検見取法は代官や部下の手代がその年の作柄を実地調査（検見）した上で年貢量を決める方法であり、毎年の収獲状況に即した徴税法だった。

両法とも一長一短があった。定免法を採用すれば税収は安定するが、豊作の時に年貢量を増やせない。検見取法の場合は豊作の時に年貢量が増やせるが、凶作の時は減る。

そうしたなか、宝暦4年（1754）に定免法から検見取法に切り替えようとはかったのが、美濃郡上《ぐじょう》藩金森《かなもり》家であった。3万9000石の小藩である。

元文元年（1736）に藩主となった金森頼錦《よりかね》は、幕政には関与できない外様大名だったが、延享4年（1747）に異例にも奏者番《そうじゃばん》に登用される。譜代大名は奏者番をスタートに老中への道を夢見る。幕府の役職を務めるとなると、幕府要人との付き合いもあり色々と物入りだった。頼錦は出費を賄うため年貢の増徴をはかる。その切り札が検見取法への切り替えであった。

しかし、農民の反発は避けられないとみた郡上藩では、幕府を後ろ盾に目的を達しようとはかる。遠江相良《さがら》藩主で寺社奉行の本多《ほんだ》忠央《ただなか》に根回しした上で、宝暦5年（1755）7月に勘定奉行・大橋親義《ちかよし》の指示を受けた美濃郡代の青木次郎九郎が、郡上藩の農民たちを呼び出す。検見取法を受け入れるよう命じたが、目論見どおりにはいかなかった。

幕府の権威をバックに年貢増徴を強行しようとした藩当局に対し、農民たちは激しく抵抗する。郡上藩への強訴を敢行しただけでなく、江戸城に登城する老中への直訴にも踏み切った。駕籠訴《かごそ》である。そのほか目安箱にも投書したため、この一件は時の9代将軍家重《いえしげ》の知るところになった。

その結果、幕府は郡上藩で起きた百姓一揆（郡上一揆）を黙殺できなくなり、評定所での吟味が開始される。評定所とは三奉行（寺社・町・勘定奉行）が合議で事件を審議・裁決する幕府の最高司法機関であった。その吟味には、家重の信任が厚かった御側御用《おそばごよう》取次《とりつぎ》の田沼意次が立ち会っている。

## 田沼意次台頭のきっかけとなった郡上一揆

同8年（1758）7月より、評定所での吟味は開始された。金森頼錦のほか、郡上藩の年貢増徴をバックアップした勘定奉行の大橋親義、美濃郡代の青木次郎九郎も召喚された。大橋たちの背後にいたのが、当時は寺社奉行で、その後若年寄に抜擢された本多忠央であった。

吟味の過程で、頼錦からの依頼を受けた忠央が、大橋を動かしていたことが露見する。さらに、駿河田中藩主で老中の本多正珍《まさよし》や、大名の監察を任務とする大目付・曲淵英元《まがりぶちひでもと》

も この件に関与していたことが発覚する。幕府は郡上藩の問題に一部の老中・若年寄・勘定奉行が介入して混乱を招いたことを、非常に問題視した。そのため、吟味は郡上藩にとどまらず、正珍や忠央たち幕府首脳部にまで及ぶ。

吟味の結果、同10月に正珍が老中を罷免されたのを皮切りに、忠央は改易、大橋たちも御役御免の処分が下った。12月に入ると頼錦も改易され、二人の大名が改易される異例の展開となる。郡上藩については家老たちに厳罰が下ったが、一揆を起こした農民たちの多くも死罪に処せられた。

百姓一揆では一揆を起こした農民側に多くの犠牲者が出るのが通例だが、郡上一揆は当事者の大名だけでなく幕閣を構成する大名にも改易処分が下った稀有な事例である。その背景には、幕府内の権力闘争があった。

家重の命を受けて吟味に立ち会うことで裁決に影響力を発揮した田沼は、郡上一揆を契機に大名に取り立てられ、改易された忠央の代わりに相良藩主となった。その後、側用人、老中へと出世し、世に言う田沼時代が到来する。結果として、田沼は郡上一揆を通じてライバルを追放し、幕府の実権を握るステップとしたのである（大石慎三郎『田沼意次の時代』）。

# 42 改易処分を下しながらも浪人たちを援助する幕府

## 政権交代で改易された小堀政方

領内で百姓一揆が起きたことを理由に、統治能力が問題視されて改易となった大名は少なくないが、領民は農村に住む農民とは限らない。都市に住む町人が大名の施政に反発して幕府に直訴し、改易となった事例もあった。

1万1000石の小藩・近江小室藩を治めた小堀政方《こぼりまさみち》は、茶人として有名な小堀遠《えん》州《しゅう》の子孫だ。安永7年（1778）に、政方は伏見奉行に就任する。

幕府は全国各地の重要都市を直轄地とし、旗本を奉行に任命して統治させた。これを遠国奉行と称した。伏見奉行もその一つだが、水陸交通の要衝として栄えた伏見の町については、例外的に小藩の大名が奉行に任命されたのである。

政方は伏見の町人が富裕であったことに目を付け、御用金《ごようきん》を繰り返し賦課し、税金も厳しく取り立てた。小室藩の財政難が背景にあった。

その負担に耐えかねた町人たちは文殊九助《もんじゅくすけ》、丸屋九兵衛《まるやくへえ》などを中心に、政方の苛斂誅求《かれんちゅうきゅう》を幕府に訴え出ようと計画する。天明5年（1785）9月、九助と九兵衛は江戸城から下城してきた寺社奉行の松平資承《すけつぐ》の行列に直訴した。

この幕府への直訴は取り上げられ、12月に政方は奉行職を罷免された。九助たちは意気揚々と伏見へ戻ったが、翌6年（1786）に入ると、新たに奉行となった久留島道祐と京都町奉行・丸毛政良に呼び出される。

伏見で政方の苛政に関する吟味が開始されたが、長期化してしまう。その結果、投獄された町人たちは次々と獄死した。政方は幕府を牛耳る老中・田沼意次と親密であり、その関係を利用して巻き返しをはかっていたのである。

政方の苛政を告発した伏見の町人にとり、事態は不利に展開したが、同7年（1787）6月に幕府内で政権交代が起きると状況は一変する。

松平定信が老中首座に抜擢され、幕政改革つまり寛政改革を開始したのである。それは定信の政敵・田沼意次の時代の終わりを意味しており、以後幕府内の田沼派は粛清さ

松平定信像《模本》

れていく。政方もその一人だった。

同8年（1788）5月、幕府は政方に改易の処分を下した。一方、伏見の町人たちは誰も処罰されず、町人側の全面勝利で幕を閉じた。幕府が政方の非を全面的に認めた裁決であったが、田沼派粛清という幕府の思惑が追い風になったのは否めない。

## 小堀家旧臣を幕府が扶助した理由

小堀家が改易となったことで、藩士たちは浪人となり、生計の途を失った。幕府は主家を失って路頭に迷う浪人たちの動向が社会不安の種となるのを危惧していたが、その生活を支援することまでは従来はしていなかった。

ところが、小堀家改易では異例にも禄を失った旧臣たちを扶助している。そのすべてではなく、生活を支援する親類縁者がいない者を対象として、3年間に限って扶持米《ふちまい》を与えた。藩士の禄高に関係なく、16歳以上の男子は二人扶持、3歳以上15歳以下の男子そして女子には一人扶持を一律に支給した。一人扶持とは、1年で米1石8斗を支給されることだった。3年のうちに自立の途を探らせようとしている（藤田恒春「大名「改易」の構造」『史泉』65）。

幕府が異例の措置を取った理由としては、江戸後期にもなると、減封処分を受ける事例はあったものの、改易される大名がほとんどいなかったことが挙げられよう。小堀家改易が社会に与えた衝撃は大きかったはずだ。

定信は田沼派粛清という意図のもと、伏見奉行在職中の苛政を口実に改易の処分を下すことで権力基盤を固めようと目論んだ。政方は見せしめとなった形だが、幕府内には改易による社会不安を危惧する意見のほか、処分が重過ぎるのではという意見もあったのではないか。

すなわち、旧臣たちへの生活補助とはそうした意見を封じ込め、さらには幕府の度量の大きさを示したい意図が秘められていた。改易も改易後の生活補助も政治的な思惑に左右されたのである。

**著者紹介**
**安藤優一郎（あんどう・ゆういちろう）**
歴史家。1965年、千葉県生まれ。早稲田大学教育学部卒業、同大学院文学研究科博士後期課程満期退学（文学博士）。JR東日本「大人の休日倶楽部」など生涯学習講座の講師を務める。おもな著書に『江戸の間取り』『大名格差』『徳川幕府の資金繰り』『維新直後の日本』『江戸時代はアンダーグラウンド』（彩図社）、『15の街道からよむ日本史』（日経ビジネス人文庫）、『東京・横浜 激動の幕末明治』（有隣新書）、『徳川時代の古都』（潮新書）などがある。

**◎参考文献**
笠谷和比古『主君「押込」の構造−近世大名と家臣団』平凡社選書（1988年）
山本博文『お殿様たちの出世 江戸幕府老中への道』新潮選書（2007年）
安藤優一郎『お殿様の人事異動』日経プレミアシリーズ（2020年）
安藤優一郎『大名格差 江戸三百藩のリアル』彩図社（2020年）
岡崎守恭『大名左遷』文春新書（2022年）

**◎図版出典**
東京大学史料編纂所所蔵（ページ数）：21,39,47,73,81,86,95,104,108,129,177,190,198,222

# 大名廃業

2024年 4月11日 第1刷

著　者　安藤優一郎
発行人　山田有司
発行所　株式会社彩図社
〒170-0005
東京都豊島区南大塚3-24-4 MTビル
TEL 03-5985-8213　FAX 03-5985-8224
URL：https://www.saiz.co.jp　https://twitter.com/saiz_sha

印刷所　新灯印刷株式会社


ISBN978-4-8013-0712-4 C0121

※本書は2023年2月20日に小社より刊行した『大名廃業』を再編集の上、文庫化したものです。